Schwäbische Geschichtsquellen und Forschungen

Vorbemerkung.

Die hiermit erscheinenden drei ersten Hefte der Schriftenfolge „Schwäbische Geschichtsquellen und Forschungen" sind zum Teile schon vor dem Kriege entstanden und während des Krieges gedruckt worden.

Durch die misslichen Zeitumstände wurde die Herausgabe verzögert. Doch sind die Arbeiten in ihrem wissenschaftlichen Gehalte und Werte keineswegs überholt, eignen sich vielmehr nach wie vor zur Veröffentlichung.

Augsburg, im August 1919.

Dr. P. Dirr.

Schwäbische Geschichtsquellen und Forschungen

Schriftenfolge des Historischen Vereins für Schwaben und Neuburg
Herausgegeben von Dr. P. Dirr

1. Heft

Die Paumgartner von Nürnberg und Augsburg

Ein Beitrag zur Handelsgeschichte des XV. und XVI. Jahrhunderts

Von

Dr. phil. Wilhelm Krag

Mit einem Anhang:
Die bayerischen Baumgartner von Kufstein und Wasserburg

München und Leipzig
Verlag von Duncker & Humblot
1919

Inhaltsübersicht.

Vorwort.

Die für die Geschichte des deutschen Handels im Uebergang vom Mittelalter zur Neuzeit so wichtige Einzelforschung, besonders die Beschäftigung mit den grossen Kaufmannsfamilien Nürnbergs und Augsburgs, steht erst in den Anfängen. Zwar besitzen wir schon seit einer Reihe von Jahren Richard Ehrenbergs gross angelegtes Werk „Das Zeitalter der Fugger" (2 Bde. Jena 1896), das neben den Fuggern auch die andern bedeutenden Handelsfamilien behandelt, es kann und will aber Ehrenbergs Darstellung die Einzelforschung nicht unnötig machen, sondern erst recht dazu anregen. Für die Frage nach den Vermögensverhältnissen der Augsburger Kaufleute hat dann Jacob Strieder in seiner „Genesis des modernen Kapitalismus" (Leipzig 1904) eine Grundlage geschaffen. So wertvolle Aufschlüsse wir den beiden genannten Werken verdanken, so sind sie doch, freilich ohne Schuld ihrer Verfasser, in Einzelheiten nicht immer genau, da eine Reihe wichtiger Vorarbeiten besonders auf genealogischem und verfassungsgeschichtlichem Gebiet fehlte. Wie wichtig aber gerade genealogische Fragen auch für den Forscher der Handelsgeschichte sind, davon wird die vorliegende Arbeit Zeugnis ablegen.

Die eigentliche Einzelforschung begann dann mit Max Jansens „Studien zur Fugger-Geschichte". Hier wurde zum erstenmal gezeigt, welch reiches, bisher unbenütztes Material dem Handelshistoriker noch zur Verfügung steht. Einer Anregung Jansens verdankt auch die vorliegende Arbeit ihre Entstehung, die versuchen möchte, eine andere Augsburger Kaufmannsfamilie, die Paumgartner, in ihrer Bedeutung zu schildern. Stand es auch von vornherein fest, dass sich über diese längst erloschene Familie nicht so reiches Material finden würde, wie über die Fugger, die heute noch blühen und über ein wohlgeordnetes Familienarchiv verfügen, so hat sich doch gezeigt, dass auch für die Paumgartner sich noch eine Fülle neuen Stoffes beibringen liess.

Meine Arbeit umfasst zwei Teile, von denen der erste, kürzere die Anfänge der Familie in Nürnberg behandelt. Die meiste Ausbeute bot hierfür naturgemäss das Kgl. Kreisarchiv in Nürnberg, wozu ergänzend das Kgl. Bayerische Allgemeine Reichsarchiv und die Kgl. Hof- und Staatsbibliothek in München traten. (Cgm = Codex germanicus Monacensis.)

Der zweite umfangreichere Teil beschäftigt sich mit der Geschichte der Paumgartner in Augsburg. Neben dem Stadtarchiv in Augsburg bot hier vor allem das k. k. Statthaltereiarchiv in Innsbruck mit seinen Copialbüchern (Cop.) reiches Quellenmaterial. In diesem zweiten Teil war besonders bei der Persönlichkeit Hans Paumgartners d. J. länger zu verweilen und seine Betätigung auf den verschiedensten Gebieten des öffentlichen Lebens zu schildern. Für den Verfall der Familie unter Hans Paumgartners Söhnen konnten einige Archivalien des Kgl. Bayerischen Geheimen Staatsarchivs benützt werden.

In einem Anhang wurde sodann noch einer Familie gedacht, die in der Handelsgeschichte bisher überhaupt nicht genannt wurde, weil sie das Schicksal hatte, mit der Augsburger Familie zusammengeworfen zu werden.

Es ist mir schliesslich noch eine angenehme Pflicht, allen den obengenannten Instituten, die mich bei der Sammlung des Quellenmaterials unterstützten, den geziemenden Dank auszusprechen.

Erwähnt sei nur noch, dass die Paumgartner von Augsburg, bevor sie zum Gegenstand historisch-kritischer Darstellung wurden, eine dichterische Behandlung fanden. Gutzkow hat sie zum Mittelpunkt seines fünfbändigen Romans „Hohenschwangau" Leipzig 1867 ff. gemacht. Der Dichter hat zu diesem Werk, wie schon der Untertitel „Roman und Geschichte" besagt, nicht unbeträchtliche historische Vorstudien getrieben und deren Resultat in den jedem Band beigegebenen „Anmerkungen" niedergelegt. Ich verdanke denselben manchen wertvollen Hinweis.

Dr. Wilhelm Krag.

I.

Die Paumgartner von Nürnberg.

Erstes Kapitel.

Herkunft und älteste Geschichte der Familie.

Die Paumgartner[1]) tauchen am Ausgang des 14. Jahrhunderts in Nürnberg auf. Das erste urkundlich gesicherte Datum in ihrer Geschichte ist das Jahr 1396, in welchem sie Aufnahme in den Rat der Stadt und damit zugleich ins Patriziat fanden. Ueber die Herkunft des Geschlechts und seine Schicksale vor dieser Zeit sind wir leider wenig unterrichtet. Zwar wissen ältere Genealogien darüber mancherlei zu erzählen, aber die Angaben, die sich noch dazu vielfach widersprechen, können durch urkundliches Material nicht begründet werden. Eine jener Annahmen geht dahin, dass die Familie aus Siebenbürgen stamme, wo in der Nähe von Hermannstadt ein Ort Baumgarten liege[2]). Belege hierfür haben sich nicht beibringen lassen. Nicht besser beglaubigt ist die Ansicht derer, die das Schloss Baumgarten in Schwaben als ursprüngliche Heimat unseres Geschlechts annehmen[3]). Der in der Markgrafschaft Burgau gelegene Ort nebst Schloss dieses Namens, an den dabei gedacht ist, kam, wie wir noch sehen werden, erst im 16. Jahrhundert in den Besitz der Paumgartner, die vorher in dieser Gegend nie begütert waren.

Mehr Wahrscheinlichkeit hat dagegen eine Angabe für sich, die wir in einem Briefe des Erasmus von Rotterdam lesen. Der bekannte Humanist stand, wie später zu erzählen sein wird, zu dem Augsburger Zweig der Paumgartner in freundschaftlichen Beziehungen und konnte daher wohl Nachrichten

[1]) Die Schreibung des Namens ist eine sehr schwankende. Als von der gewöhnlichen Form besonders abweichend hebe ich hervor: Paungartner, Pangartner (Schreibungen, die von der Familie selbst gebraucht werden), Bongartner, Bongärter. In italienischen Urkunden findet sich auch die Form Pangortiner.

[2]) Cgm 2056 als Ansicht des Nürnberger Patriziers und Genealogen Konrad Haller erwähnt.

[3]) Paul v. Stetten: Geschichte der adelichen Geschlechter in der freyen Reichs-Stadt Augsburg. Augsbg. 1762. S. 195.

haben, die auf Familientradition beruhten. Er nennt nun an der betreffenden Stelle[1]) Ostfranken als die Heimat der Paumgartner und erzählt, dass sie dort ein Kloster mit Schenkungen reich bedacht hätten. Ueber diese Stiftungen liess sich freilich auch nichts Näheres finden, da Erasmus den Namen des Klosters verschweigt; seine Angabe wird aber meiner Ansicht nach gestützt durch Nachrichten über die Herkunft des Paumgartnerschen Wappens. Nach einer glaubwürdigen Notiz[2]) wurde nämlich der Familie ihr Wappen von einem Bischof von Bamberg verliehen. Die Paumgartner gehörten also wohl ursprünglich zu dem begüterten niederen Landadel Ostfrankens[3]). Der Verfall des Rittertums trieb bekanntlich vielfach Adelige in die Städte, deren mächtig aufblühender Handel Ansehen und Reichtum in Aussicht stellte. Wann sich die Paumgartner dazu entschlossen haben, nach Nürnberg zu ziehen, lässt sich nicht sagen. Sicher wohnten sie bereits geraume Zeit in der Stadt, als 1396 ihre Aufnahme in den Rat erfolgte[4]).

Auch die älteste Genealogie der Familie, wie sie bei Stetten[5]), Möhner[6]) und anderen Familienforschern verzeichnet ist, lässt sich aus Mangel an urkundlichem Material weder belegen noch anfechten. Der älteste bekannte Paumgartner wäre danach Konrad, der um 1350 gestorben sein soll. Sein Sohn Konrad († 1367) hatte zwei Söhne, Konrad, den ersten ratsfähigen Paumgartner, und Friedrich, den Ulman Stromer[7]) erwähnt.

---

[1]) Erasmi opera omnia ed. Clericus III, 1480 F.

[2]) Paumgartnerscher Familienkodex Bl. 1 a (R. A.: Hohenschwangau, Herrschaft I 36, 2). Das Paumgartnersche Wappen in seiner ursprünglichen Form stellt in zweigeteiltem Schild einen Sittich auf einer Lilie sitzend dar. (Vgl. z. B. Dürers Paumgartneraltar.)

[3]) Vgl. auch die unten S. 37 besprochene Urkunde Kaiser Maximilians I., laut deren die Ahnen Paumgartners, schon ehe sie sich in Städten niedergelassen, dem Ritterstande angehörten.

[4]) Herr Archivrat Mummenhoff, der beste Kenner der Nürnberger Familiengeschichte, hat mir auf meine Anfrage bestätigt, dass sich über die Paumgartner vor 1396 nichts Sicheres sagen lasse. Das Jahr 1396 geben die Nürnberger Ratsbücher übereinstimmend als die Zeit der Aufnahme ins Patriziat an.

[5]) A. a. O. S. 195.

[6]) Möhner, Genealogie patrizischer Familien Augsburgs (handschriftl. in der Augsb. Stadtbibl. vorhanden).

[7]) Die Chroniken der deutschen Städte I (Nürnberg Bd. 1) Leipzig 1862. S. 97.

Alle diese genannten Glieder des Geschlechts sind für uns nur Namen, da sich über ihre Lebensschicksale keinerlei Nachrichten erhalten haben. Da sich aber die Familie später hauptsächlich dem Handel widmete, dürfen wir wohl annehmen, dass auch jene älteren Generationen bereits auf diesem Gebiet tätig waren.

Doch verlassen wir das unsichere Feld der Hypothese, und wenden wir uns der beglaubigten Geschichte zu! Hier tritt uns dann in Konrad Paumgartner, dem Enkel jenes Mannes, der zuerst in der Familie das Patriziat erlangte, eine greifbare Persönlichkeit vor Augen. Die Nachrichten, die sich über ihn erhalten haben, geben die Möglichkeit, ein Bild seines Lebens, das in die Glanzperiode Nürnbergs fällt, zu entwerfen.

Zweites Kapitel.

Konrad Paumgartner c. 1380—1464.

1. Konrad Paumgartner als Kaufmann und Bankier.

Konrad Paumgartner[1]) wurde um das Jahr 1380 in Nürnberg geboren. Ueber seine Jugendzeit und die Erziehung, die er genoss, fehlen uns nähere Nachrichten. Im Jahre 1402 verheiratete er sich mit Anna Kress, der Tochter des Fritz Kress[2]). Diese Heirat brachte unsern Konrad in nahe Verbindung mit einem der angesehensten Nürnberger Geschlechter und wurde auch für den weiteren Gang seines Lebens bedeutungsvoll. Wie andere Nürnberger Patrizier betrieb nämlich Fritz Kress einen ausgedehnten Handel und hatte im Jahre 1370 mit Heinz Rummel eine Gesellschaft zu gemeinsamer Ausübung

---

[1]) Der Vorname Konrad ist in unserer Familie häufig vertreten. Dadurch wird ein Auseinanderhalten der einzelnen Personen erschwert und oft unmöglich gemacht.

[2]) Die meisten genauen Daten über Geburt, Hochzeit und Tod der einzelnen Glieder des Paumgartnerschen Geschlechts bis zum Jahre 1464 verdanken wir den Aufzeichnungen Konrad Paumgartners (s. u. S. 16).

der Kaufmannschaft begründet[1]). Nach Rummels Ausscheiden (1388) hatte Kress seine Söhne Hilpolt und Konrad in diese Gesellschaft aufgenommen. Auch andere Nürnberger Kaufleute gehörten ihr vorübergehend an. Im Jahre 1402 trat nun auch des Fritz Kress Schwiegersohn Konrad Paumgartner als Teilhaber ein und blieb fast 30 Jahre lang bis zur Auflösung der Gesellschaft in ihr tätig.

Der Handel Nürnbergs[2]) hatte um das Jahr 1430 bereits einen Höhepunkt erreicht, der auch später nicht mehr stark übertroffen wurde. Besonders eng waren die Beziehungen zu Venedig, wo viele Nürnberger Kaufleute im Fondaco dei Tedeschi eigene Gewölbe und Kammern besassen[3]). Neben Venedig wurde Mailand und Genua von den Nürnbergern besucht. Im Norden waren zunächst die Frankfurter Messen Hauptabsatzgebiet für die aus Italien über den Brenner gebrachten Waren. Aber auch in Brabant und Flandern finden wir damals bereits den Nürnberger Kaufmann ebenso, wie im Osten in Böhmen, Mähren, Polen und Steiermark. Gegenstände des Handels bildeten hauptsächlich die aus dem Orient über Venedig eingeführten Gewürze und Tuche, die besonders aus Flandern kamen.

In diesen Bahnen bewegte sich nun auch die Tätigkeit der von Kress gegründeten Gesellschaft, der ein für die damalige Zeit recht beträchtliches Betriebskapital zur Verfügung stand. Es betrug im Jahre 1397: 29 100 fl und wird sich durch Paumgartners Beitritt wohl noch vergrössert haben[4]). Von den

---

[1]) Vgl. für das Folgende: Mitteilungen d. Vereins f. d. Geschichte der Stadt Nürnberg II, wo S. 187 ff. Mitteilungen aus dem Frhr. v. Kressschen Familienarchiv über diese Handelsgesellschaft gemacht werden. Wie mir auf meine Anfrage Frhr. v. Kress mitzuteilen die Güte hatte, enthält das genannte Archiv sonst keine weiteren Aufzeichnungen über die Geschichte der Kress'schen Handelsgesellschaft.

[2]) Für die Geschichte des Nürnberger Handels im allgemeinen ist immer noch das Hauptwerk: Joh. Ferdin. Roth: Geschichte des nürnbergischen Handels, 4 Bde. Leipzig 1800—1802. Wertvolle Ergänzungen dazu bietet: J. Baader: Nürnbergs Handel im Mittelalter. (38. Jahresbericht des Historischen Vereins für Mittelfranken, 1871/72).

[3]) Henry Simonsfeld: Der Fondaco dei Tedeschi und die deutsch-venezianischen Handelsbeziehungen, 2 Bde. Stuttgart 1887. Vgl. bes. Bd. II S. 73 ff.

[4]) Zum Vergleich sei angeführt, dass in Augsburg im Jahre 1396

Gefahren, die in jenen unruhigen Zeiten des Raubrittertums den Handel umgaben, hatte auch unsere Firma manches zu spüren. So wurde gleich im Jahre des Eintritts Paumgartners (1402) ein der Gesellschaft gehöriger Warenzug in Böhmen aufgehalten[1]). Trotz solcher nicht seltenen Ueberfälle warfen die Unternehmungen einen recht ansehnlichen Gewinn ab, wie aus den Abrechnungen, die Fritz Kress machte, hervorgeht. So heisst es im Jahre 1403: „wir hetten gewunnen 13½ fl am hundert".

Nach dem Tode des Fritz im Jahre 1406 übernahm dessen Sohn Konrad Kress die Leitung. Paumgartners Einfluss muss aber daneben sehr bedeutend gewesen sein, da die Gesellschaft von jetzt an den Namen „Conradten Kressen und Cunraden Paumgarttners gesellschaft" führte. Andere Teilhaber waren zeitweise Paulus Vorchtel und Hans Waldstromer, die mit der Familie Kress verwandt waren. Von Paumgartners Seite trat 1424 Endres Tucher, seit 1420 Konrad Paumgartners Schwiegersohn, mit einem Kapital von 2000 fl bei[2]). Einen interessanten Aufschluss über die Handelsartikel der Gesellschaft erhalten wir im Jahre 1426. Damals wurden in der Nähe von Landsberg einer Reihe von Nürnbergern Warenzüge aufgehalten[3]). Es befanden sich dabei auch solche der Kress-Baumgartner-Gesellschaft, nämlich „ein Ballen mit Baumwolle beschlagen und mit dem Zeichen X; darin waren 4 Säcke Ingwer, 2 Büschel[4]) in Brettern mit einem roten und einem schwarzen Sammat und mit 2 Tüchern von Damasko, 3 Büschel Gold- und Silberfelle in einen Rock und Mantel gebunden". Das hier genannte Warenzeichen ist das Kress'sche. Die Gegenstände kamen wahrscheinlich aus Italien, vermutlich aber nicht aus Venedig,

---

die reichste Person, die „Dachsin", ein Vermögen von 21 630 fl versteuert. (Jac. Strieder: Zur Genesis d. modern. Kapitalismus, Leipzig 1904, S. 10.)

[1]) Roth a. a. O. Bd. I S. 140. Auch in Müllners Annalen III S. 52 ist dieser Ueberfall erwähnt. Ich zitiere dieses Werk, das bekanntlich nur handschriftlich vorhanden ist, nach dem auf der Kgl. Hof- und Staatsbibliothek vorhandenen Exemplar Cgm 2074.

[2]) Chroniken der deutschen Städte Bd. II, Einleitung S. 5 Anm. 3.

[3]) J. Baader a. a. O. S. 108 ff.

[4]) Büschel = buschförmige Verbindung von Dingen, z. B. Bänder. (Schmeller, Joh. Andr.: Bayerisches Wörterbuch. München 1869 ff. Bd. I Sp. 299.)

da im Jahre 1426 die von Kaiser Sigismund mehrmals über jene Stadt verhängte Handelssperre wieder in Kraft war[1]).

Infolge des erzielten Gewinnes und des Beitritts von Teilhabern war das Gesellschaftsvermögen im Jahre 1422 auf 47 770 fl gestiegen. Nach dem Tode des Konrad Kress, der 1430 starb, löste sich die Handelsgesellschaft auf. Damals wandten sich die Gläubiger des Kress durch Venedigs Vermittlung an den Rat von Nürnberg, um zu ihrem Geld zu kommen. Ob Kress schliesslich in Zahlungsschwierigkeiten geraten war, oder ob jene Gläubiger nur jetzt ihre Aussenstände hereinzubringen suchten, geht aus dem Schreiben nicht hervor. Paumgartners Name wird dabei überhaupt nicht erwähnt[2]).

So wenig wir von der inneren Organisation und der äusseren Geschichte unserer Handelsgesellschaft während ihres dreissigjährigen Bestehens wissen, wir gewinnen doch den Eindruck, dass dieselbe, was Betriebskapital und Ausdehnung betrifft, zu den bedeutendsten der damaligen Zeit gehörte. Für Konrad Paumgartner aber war die Beteiligung an ihr eine gute Schule gewesen. Als junger Mann war er eingetreten, jetzt nach ihrer Auflösung stand er in der Vollkraft des Lebens, reich an Erfahrungen, die er nun für sein eigenes Geschäft benützen konnte. Er nahm nämlich keine dauernden Mitgesellschafter mehr an, sondern führte den Handel in selbständiger Weise fort. Nur seine Söhne Konrad (geb. 1406) und Anton (geb. 1418) waren an seinen Unternehmungen beteiligt. Wenn wir von diesen einige Kenntnis haben, so verdanken wir das den gelegentlich erwähnten Ueberfällen auf Paumgartners Warenzüge. Im Jahre 1434 warfen Hartwig von Ramungen und einige andere Placker einen Kaufmannszug nieder, in dem sich auch Ballen mit Tüchern aus Köln, Konrad Paumgartner gehörig, befanden[3]). Sie trugen das neue Paumgartnersche Warenzeichen ⸸[4]).

Bis nach den Niederlanden erstreckten sich damals Paum-

---

[1]) Wilh. Stieda: Hansisch-venezianische Handelsbeziehungen im 15. Jahrhundert, Rostock 1894 S. 30. Vielleicht hängt mit dieser Handelssperre auch der Bankrott des Nürnberger Kaufmanns Seyfried Schmelzing zusammen. Konrad Paumgartner hatte von ihm 1800 fl zu bekommen. (Simonsfeld a. a. O. Bd. I Urk. Nr. 388.)

[2]) Simonsfeld a. a. O. Bd. I Urk. Nr. 375 ff.

[3]) J. Baader a. a. O. S. 110.

[4]) Dieses Handelszeichen führten später auch die Augsburger Paumgartner.

gartners Handelsbeziehungen. Im Jahre 1436 wurden Nürnberger Bürgern in den jülichischen Landen, als sie von einem Markt von Antorff (= Antwerpen) heimzogen, ihre Waren weggenommen und sie selbst gefangen nach Geldern geführt[1]). Unter ihnen befand sich auch Konrad Paumgartner d. J., der wohl im Auftrag seines Vaters den Markt besucht hatte. Erst auf die energische Einsprache des Nürnberger Rats, der nach Brüssel, Löwen, Aachen und an den Kurfürsten Dietrich II. von Köln schrieb, wurden die Gefangenen wieder in Freiheit gesetzt. Dass Paumgartner auch noch Handel mit Gewürzen trieb, zeigt ein Vorfall des Jahres 1442. Damals lag Ulrich von Cilly, einer der mächtigsten Herren Steiermarks, in Fehde mit König Friedrich III. und glaubte für die Forderungen, die er an diesen hatte, die Reichsstadt Nürnberg haftbar machen zu können. Er liess daher durch seinen Pfleger Endres von Graben in Steiermark einen Warenzug der Nürnberger überfallen, der fast nur Paumgartnersches Gut, nämlich 14 Saum Pfeffer, enthielt[2]). Der Nürnberger Rat machte alle Anstrengungen, um seinem Mitbürger wieder zu seinem Eigentum zu verhelfen, worauf Endres von Graben die Waren schliesslich wieder herausgab.

Dies sind die wesentlichsten Nachrichten, die sich über Konrad Paumgartners Handel erhalten haben. Es sind nur zufällige Notizen ohne inneren Zusammenhang, sie lassen aber doch erkennen, dass wir es hier mit einem sehr ausgedehnten Grosshandel zu tun haben, wie ihn im gleichen Umfang wenig andere Nürnberger betrieben haben werden. Im Nordwesten des Reichs so gut wie im Südosten, in den Niederlanden und in Steiermark trafen wir Paumgartners Warenzüge. Seinen Hauptstützpunkt aber hatte dieser Handel in Venedig. Um das Jahr 1434 war dort Konrad Paumgartner neben dem Augsburger Hans Hoy und dem Frankfurter Konrad Neuhaus einer der bekanntesten Kaufherrn[3]). Er hatte schon zusammen mit Kress im Fondaco ein eigenes Gewölbe in Miete gehabt, später

---

[1]) Müllner, Annalen III (Cgm 2074) S. 390.

[2]) Kreisarchiv Nürnberg: Briefbuch XV, S. 255 u. 274. Die hierher gehörigen Urkunden sind abgedruckt bei Simonsfeld a. a. O. Bd. I Urk. Nr. 439, 441 u. ff.

[3]) Alexander Dietz: Frankfurter Handelsgeschichte, Frankf. a. M. 1910 Bd. I S. 259, leider ohne Quellenangabe.

treffen wir sogar einen ständigen Faktor der Firma in Venedig. Eine andere Filiale besass dieselbe in Wien[1]).

Die Tätigkeit des spätmittelalterlichen Kaufmanns ging jedoch im Warenhandel — mochte er auch noch so ausgedehnt sein — nicht auf. Dieser bildete vielfach sogar nur die Grundlage und Voraussetzung für das Geld- und Bankiergeschäft, dem sich seit Anfang des 15. Jahrhunderts auch christliche Kaufleute zuwandten. Vorher wurde es zum grössten Teil von den Juden ausgeübt, da die Kirche ja Geldleihen gegen Zins verbot[2]). Es war jetzt nur eine natürliche Entwicklung, wenn der Kaufmann, dessen Kapitalien im Warenhandel sich vergrösserten, sein Geld durch Ausleihen nutzbringend anzulegen suchte. Frühzeitig finden wir daher auch Konrad Paumgartner als Geldgeber einzelner Fürsten. So lieh er im Jahre 1417 zusammen mit Ulrich Haller d. Ae. und Sebald Pfinzing dem Burggrafen Friedrich von Nürnberg 2200 fl, als dieser zu Konstanz mit der Markgrafschaft Brandenburg und der Kur belehnt wurde[3]). Ebenso streckte er zusammen mit Hans Rummel und Ulrich Ortlieb dem Kaiser Sigismund bei seinem Aufenthalt in Nürnberg im Jahre 1431 6000 fl vor[4]).

Seit dem Jahre 1439 stand Paumgartner dann in finanziellen Beziehungen zu Ludwig dem Höckerigen, dem Sohne Ludwigs des Gebarteten, Herzogs von Bayern-Ingolstadt[5]). In dem ärgerlichen, unnatürlichen Krieg, den Ludwig d. J. damals gegen seinen Vater begann, stand auf des ersteren Seite Markgraf Albrecht Achilles, der wohl die Aufmerksamkeit seines Verbündeten auf den Nürnberger Kaufmann lenkte, als es galt, für die Kriegszwecke Geld aufzubringen oder wenigstens zahlungskräftige Bürgen zu erlangen. So hatte Herzog Ludwig im Jahre 1439 von dem Ritter Hans v. Lidbach 2000 fl entliehen, die bis Lichtmess 1440 wieder zurückbezahlt werden sollten. Wilhelm von Rechberg, der in Albrechts Diensten

---

[1]) Siehe u. S. 15 Anm. 5.

[2]) Richard Ehrenberg: Das Zeitalter der Fugger, Jena 1896 Bd. I S. 43 ff.

[3]) Andreas Würfel: Historisch-genealogische und diplomatische Nachrichten zur Erläuterung der Nürnberger Stadtgeschichte, Nürnberg 1766 Bd. I S. 372.

[4]) W. Altmann: Regesten zur Regierung Kaiser Sigismunds (Regesta imperii XI) Nr. 8769.

[5]) Sigismund Riezler: Geschichte Bayerns Bd. III S. 335 ff.

stand, Konrad Paumgartner und ein anderer Nürnberger, Peter Steinberger, verbürgten sich als „Selbstschuldner", indem sie versprachen, dem Lidbach die 2000 fl zu bezahlen, falls Ludwig den Termin nicht einhielte. Gleichzeitig brachten die drei genannten Bürgen bei dem Juden Seligmann Bach von Nürnberg 1000 fl für Herzog Ludwig auf und leisteten auch hierfür Bürgschaft. Dem Juden mussten 19% Zins gegeben werden. Um Wilhelm von Rechberg, Paumgartner und Peter Steinberger ihrerseits sicherzustellen, gab ihnen der Herzog am 11. September 1439 einige Kleinodien zum Pfand[1]). Am 22. Januar 1440 kam ein ähnlicher Vertrag mit denselben drei Personen zustande, die diesmal bei anderen Nürnberger Juden 1800 fl (gegen 24% Verzinsung) für Herzog Ludwig aufgebracht hatten. Auch hierfür wurden den Bürgen Kleinodien zum Pfand gesetzt[2]). Ludwigs d. J. Unternehmungen waren bekanntlich vom Glück begünstigt. Er eroberte eine Stadt seines Vaters nach der andern und begann am 12. Mai 1443 die Belagerung von Neuburg. Am Mittwoch nach Bartholomäi (28. August) 1443 stellten Ludwig und sein Bundesgenosse Albrecht zu „Neuburg im Veldt" dem Konrad Paumgartner und Peter Steinberger einen Schuldbrief über 1046 fl 85 hl aus[3]). Diese Summe hatten die beiden Kaufleute in Nürnberg für die Fürsten bezahlt, als diese dort zu Belagerungszwecken 75 Ztr. 45 Pfd. Salpeter und 41 Ztr. Schwefel gekauft hatten. Bis Mittfasten 1444 sollte die Schuld zurückgezahlt sein. Von weiteren Geldgeschäften hören wir nichts mehr[4]). Da Lud-

[1]) München, Reichsarchiv: Neuburger Kopialbücher XIII, fol. 38a. b. Die Kleinodien (Sechs grosse gulden Stuck und hefftlein und sechs kleine gulden Stuck darzwischen, darinnen versetzt sein sechsunddreissig palas [= blasser oder völlig weisser Edelstein], siebentzehn diamandt grosser und klainer und siebenundzwentzig grosser perlin) stammten wohl aus dem Besitz Ludwig des Gebarteten, der dieselben am Hof seiner Schwester Isabeau in Paris erworben hatte.

[2]) Neuburger Kopialbücher XIII, fol. 40 a. b.

[3]) Neuburger Kopialbücher XIII, fol. 234.

[4]) Als sich nach Beendigung des Krieges zwischen Ludwig d. J. und dem obengenannten Lidbach Streitigkeiten erhoben, machte Albrecht Achilles den Vermittler. Lidbach sollte das Schloss Gansheim, das, wie es scheint, Gegenstand der Irrung war, an Ludwig um 2200 fl abtreten und dazu noch 2000 fl leihen. Konrad Paumgartner und Peter Steinberger verbürgten sich dafür, dass Ludwig die 2000 fl samt jährlich 200 fl Zins innerhalb drei Jahren zurückzahle. Neubg. Kopialb. XIII,

wig d. J. bereits im Jahre 1445 starb, so hörten die Beziehungen zu den Wittelsbachern zunächst wieder auf.

Dagegen lassen sich etwa zehn Jahre später Verbindungen unseres Nürnberger Handelshauses mit der Kurie nachweisen. Als Schutzherr der abendländischen Christenheit hielt sich der Papst nach dem Fall Konstantinopels für verpflichtet, dem weiteren Vordringen der Türken gegen Westen entgegenzutreten, da die weltlichen Mächte, voran der Kaiser, versagten. Calixt III. (1455—1458) griff diesen Gedanken mit einer für sein hohes Alter bewundernswerten Energie auf. Um die Mittel für eine zu bauende Flotte zu beschaffen, wurde ein Türkenzehnte in der Christenheit erhoben[1]). Hauptsammelstelle für die einlaufenden Gelder war das Bankhaus der Medici in Florenz, das die Geldgeschäfte der Kurie besorgte[2]), und bei dem Calixt 6000 Dukaten für den Flottenbau aufgenommen hatte. In alle Länder entsandte nun der Papst Kreuzzugsprediger, die zugleich als Zehntensammler (Kollektoren) fungierten. Für Nordeuropa (Dänemark, Schweden und Norwegen, die Erzbistümer Lemberg und Magdeburg, die Bistümer Bamberg und Münster) ernannte Calixt am 26. März 1457 den Subdiakon der Diözese Parma, Marinus de Fregeno, zum Kollektor[3]). Das von ihm gesammelte Geld sollte er bei dem Bankhaus Paumgartner in Nürnberg abliefern, welches dann wahrscheinlich die einlaufenden Summen an die Medici weiter leitete. Marinus scheint bei seiner Mission nicht geschickt vorgegangen zu sein, da sich bald Klagen gegen ihn erhoben. Besonders Sachsen war ein Herd der Opposition[4]). Er wurde daher am 8. Juni 1458 durch ein päpstliches Schreiben heimberufen. Das Ergebnis seiner Sammlung sollte er zuvor bei Paumgartner deponieren[5]). Marinus muss sich in Rom genügend

---

fol. 236. Vgl. Erh. Waldemar Kanter: Markgraf Achilles von Brandenburg Bd. I (1911) S. 234.

[1]) Ludwig Pastor: Geschichte der Päpste Bd. I (3. u. 4. Aufl.) S. 655 ff. u. bes. S. 659 Anm. 6.

[2]) Ehrenberg: Zeitalter d. Fugger I S. 46 ff.

[3]) Das auf Marinus de Fregeno (vgl. Pastor a. a. O. S. 664 Anm. 1) bezügliche Urkundenmaterial ist veröffentlicht in: Diplomatarium Norvegicum XVII (Christiania 1907) S. 519 ff. u. 1242 ff. Die Ernennungsurkunden stehen unter Nr. 1242—1245.

[4]) Archiv f. sächsische Geschichte V (1867) S. 117 ff.

[5]) Dipl. Norv. XVII Urk. Nr. 1246.

gerechtfertigt haben, da ihn Calixts Nachfolger Pius II. am 5. Juli 1459 wieder als Kollektor aufstellt[1]). In dem nämlichen Schreiben bestätigt der Papst die Firma Paumgartner in Nürnberg von neuem als Sammelstelle der eingehenden Türkengelder und wies in einem Breve vom 30. Juli 1459 auch den Kurfürsten von Sachsen an, die noch nicht abgelieferten Kreuzzugsgelder an die apostolische Kammer oder an Paumgartner abzuschicken[2]).

Die genannten Urkunden zeigen, dass Paumgartners Name in Rom nicht unbekannt war. Anderweitige Nachrichten bestätigen dies. Im Jahre 1458 ff weilte der Kaplan und spätere Protonotar des päpstlichen Stuhles, Thomas Pirkheimer, mehrmals an der Kurie, um für die Herzoge Albrecht, Wolfgang und Christoph von Bayern, die sich dem geistlichen Berufe widmen sollten, Bullen und Dispensationen zu erwirken[3]). Nach Regensburg, wo er Geistlicher war, zurückgekehrt, berichtet Pirkheimer in einem Schreiben den Herzogen Johann und Sigismund über den Erfolg seines römischen Aufenthaltes[4]). Er gibt unter anderem den Rat, man solle das Geld für die erlangten Bullen nicht direkt nach Rom senden, sondern von Anton Paumgartner zu Nürnberg Wechselbriefe nehmen und diese auf Christoph Schachner, einen geborenen Bayern, der sich in Rom aufhalte, ausstellen lassen. Schachner werde dann die Bullen herausbringen. Dem Paumgartner gebe man für je 100 Dukaten 135 fl[5]). Ob Paumgartner einen Vertreter in Rom hatte — vielleicht den genannten Schachner — oder ob der Wechsel bei einem mit Paumgartner befreundeten römischen Bankhaus eingelöst wurde, muss aus Mangel an weiteren Belegen dahingestellt bleiben. Jedenfalls aber zeigen

---

[1]) Dipl. Norv. XVII Urk. Nr. 638. Mit der Revision der Angelegenheit des Marinus betraute Pius II. den Propst von Nürnberg Johannes Lochner (Dipl. Norv. XVII Urk. Nr. 634).

[2]) Fontes rerum Austriacarum II, 42 S. 283.

[3]) Riezler: Geschichte Bayerns III S. 462 ff. Eine kurze Uebersicht über den interessanten Lebensgang dieses Thomas Pirkheimer gibt Arnold Reimann: Pirkheimer-Studien (Dissertation 1900). Leider liegt nur die Inhaltsübersicht der Thomas Pirkheimer betreffenden Kapitel der Arbeit vor.

[4]) München, Reichsarchiv: Fürstensachen Nr. 250. Das Schreiben, datiert regensburg am mitwoch vor thome, gehört wohl ins Jahr 1460.

[5]) Die Fugger, die später ähnliche Wechselgeschäfte machten, berechneten für 100 Dukaten 134 fl minder 1 ort. (Max Jansen: Anfänge der Fugger S. 52.)

die angeführten Urkunden, dass sich unser Nürnberger Handelshaus zu einer in der internationalen Finanzwelt angesehenen Stellung emporgeschwungen hatte. Wenn uns bei diesen Geschäften jetzt häufig statt Konrad Paumgartner der Name seines Sohnes Anton begegnet, so hat dies seinen Grund darin, dass der hochbetagte Konrad sich vom Geschäft mehr zurückzog und dessen Leitung seinen Söhnen Konrad und Anton überliess. Dem letzeren fiel, da sein Bruder schon 1457 starb, schliesslich die alleinige Führung zu. Bevor wir jedoch auf die weiteren Schicksale des Handelshauses näher eingehen, wollen wir noch einen Blick auf Konrad Paumgartners Tätigkeit im Dienste seiner Vaterstadt und sein Privatleben werfen.

2. Konrad Paumgartner als Ratsherr und in seinem Familienleben.

Konrad Paumgartner ging nicht gänzlich in seinem kaufmännischen Beruf auf[1]). Er gehörte seit dem Jahre 1424 dem Rat seiner Vaterstadt an, war seit 1440 Alter Bürgermeister und hat sich an der Regierung des städtischen Gemeinwesens eifrig beteiligt[2]). Wiederholt berichten die Chroniken und Briefbücher von Aufträgen, mit deren Ausführung ihn seine Mitbürger betrauten. Besonders gern verwendete man den welterfahrenen Ratsherrn zu Gesandtschaften an benachbarte Fürsten, oder ordnete ihn ab, wenn es galt, auf Städtetagen die Rechte Nürnbergs zu vertreten. So war er im Jahre 1438, als die Pfarrei St. Lorenz neu besetzt werden musste, zweimal bei dem Bischof von Bamberg, um dort die Wünsche der Stadt vorzutragen[3]). In nahen Beziehungen stand Paumgartner besonders zu dem Burggrafen und späteren Kurfürsten Friedrich I. von Brandenburg, was besonders daraus hervorgeht, dass er in dessen letzten Tagen in seiner Nähe weilte (September

---

[1]) Anderseits muss entgegengesetzten Behauptungen gegenüber immer wieder darauf hingewiesen werden, dass die Betätigung im Grosshandel für die Patrizier der Reichsstädte keine Schädigung ihres Ansehens bedeutete. Nur der Detailhandel war ihnen verboten. Wir finden die angesehensten Nürnberger Geschlechter (Beheim, Haller, Tucher, Imhof) auf dem Gebiet des Handels tätig.

[2]) Nürnberger Ratsbücher z. B. Cgm 2050 fol. 427.

[3]) Chroniken der deutschen Städte I Beilage XIII S. 457 ff.

1440) und von ihm zu einem seiner Testamentsvollstrecker ernannt wurde[1]). Weniger freundlich gestalteten sich dann, wie bekannt, die Beziehungen Nürnbergs zu Friedrichs I. Sohn, dem streitbaren Albrecht Achilles. Als dieser im Jahre 1449 der Stadt Fehde ansagte, war Konrad Paumgartner mit Rat und Tat zur Hand. Er wurde mit anderen angesehenen Bürgern auf die Tage nach Bamberg und Ingolstadt gesandt, wo man vor Ausbruch des Krieges noch eine Versöhnung herbeizuführen hoffte (Juni und Juli 1449)[2]). Während des Kampfes selbst war er einer der fünf von der Stadt aufgestellten Kriegsräte[3]). An den Beratungen, die dann auf eine Einigung und Friedensschluss hinzielten, nahm er ebenfalls teil. Zu einem Ergebnis führten diese Verhandlungen erst auf dem Tage zu Lauf (27. April 1453), dem Paumgartner zusammen mit Gregor Heimburg, Niklas Muffel und Erhard Schürstab als Vertreter Nürnbergs anwohnte[4]).

Natürlich bediente sich die Stadt auch ihres Mitbürgers in seiner Eigenschaft als Kaufmann, wenn sie in die Lage kam, Geldgeschäfte und ähnliche in das Gebiet des Handels einschlägige Angelegenheiten zu erledigen. Wir haben oben gesehen, wie Paumgartner seit dem Jahre 1456 bei der Sammlung der Türkengelder im Auftrag der Kurie beteiligt war. In Nürnberg predigten damals Johannes Capistrano und der Kardinal Carvajal gegen die Türken. Als sich daraufhin 800 Kreuzfahrer sammelten, deren Verpflegung die Stadt auf sich nahm, wurde die Firma Paumgartner beauftragt, das Geld für die Unterhaltungskosten vorzustrecken. Es sind mehrere Schreiben erhalten, in denen der Nürnberger Rat dem Vertreter Paumgartners die Weisung gibt, an die Hauptleute des Zuges Summen für diesen Zweck auszubezahlen[5]).

---

[1]) Das Testament Kurfürst Friedrich I. von Brandenburg († 21. September 1440) ist abgedruckt bei Julius von Minutoli: Friedrich I., Kurfürst von Brandenburg S. 334. Der Kurfürst teilte dem Kaufmann gelegentlich auch wichtige briefliche Nachrichten mit, die ihm zukamen. (Vgl. Anzeiger f. Kunde der deutschen Vorzeit 1863 Spalte 392 und Joh. Janssen: Frankfurts Reichskorrespondenz Bd. I Freiburg i. Br. 1863 S. 472.)

[2]) Chroniken der deutschen Städte II S. 365 u. 374.

[3]) Ebenda S. 245.

[4]) Ebenda S. 413.

[5]) Die Hauptleute der Kreuzfahrer, die in Wien von dem dortigen

Mannigfach waren die Pflichten und Aufgaben, die an den Bürger und Ratsherrn einer Stadt wie Nürnberg herantraten, das damals von starkem Leben durchflutet war. Paumgartner nahm an allen Ereignissen, die das Wohl und Wehe seiner Vaterstadt betrafen, innigen Anteil. Nicht minder gross aber war die Fürsorge für seine Familie, die ihm zu verdanken hatte, was sie an Glanz und Ansehen besass. Das Nürnberger Patriziat des 15. Jahrhunderts zeichnet überhaupt ein ausgeprägter Familiensinn aus. Fast in jedem dieser Geschlechter fanden sich damals Männer, die schlichte Aufzeichnungen über Geburt, Hochzeit und Tod ihrer Angehörigen machten[1]). Auch von Konrad Paumgartners Hand besitzen wir solche kurze Notizen über die wichtigsten Vorfälle in seiner Familie. Sie haben sich in mehreren Abschriften erhalten und sind wegen der Fülle ihrer Daten nicht ohne Wert für die Geschichte Nürnbergs und seines Patriziats[2]). Paumgartner will in dieser „handtschrifft" berichten, „was und wie vil er kinder, enicklein und urenicklein erlebt hat, und von im herkomen und geporn sind", seine Aufzeichnungen aber sind für uns zugleich ein Beweis für die angesehene Stellung, die seine Familie im Nürnberger Patriziat einnahm. Zu vielen der in Nürnbergs Geschichte ausgezeichneten Geschlechter sind die Paumgartner in verwandtschaftliche Beziehung getreten. Konrad Paumgartner selbst war zweimal verheiratet. Nach dem Tod seiner schon

---

Faktor Paumgartners das Geld in Empfang nahmen, waren Ott Herdegen von Nürnberg und der Schweizer Heinrich von Malters gen. Schlosser. Ihre Korrespondenz mit dem Rat der Stadt hat sich in den Nürnberger Briefbüchern Bd. 26 fol. 210 b u. 236 erhalten. Vgl. auch Chroniken der deutschen Städte III S. 411. Die Briefe sind abgedruckt in: Anzeiger für Kunde der deutschen Vorzeit 1863 Spalte 252 ff. und Fontes rerum Austriacarum II 42 S. 192.

[1]) Erinnert sei nur an Ulman Stromers Puechl von meinem Geschlecht (Chroniken der deutschen Städte Bd. 1) und Erasmus Schürstabs Geschlechterbuch (veröffentl. von Friedr. Weech im 31. Jahresbericht d. Hist. Vereins von Mittelfranken S. 39 ff.).

[2]) Eine Abschrift ist erhalten in dem Collektaneenband H der Scheurlschen Bibliothek, jetzt im Archiv des Germanischen Museums aufbewahrt. Diese Abschrift rührt wahrscheinlich von Hans Hallers Hand her. Es hat jedoch auch Christoph Scheurl, der Besitzer des Kodex, Nachträge hinzugefügt. Eine zweite Abschrift von Konrad Paumgartners Aufzeichnungen, einst in Tucherschem Besitz, hat sich im Kreisarchiv Nürnberg (D 1071) erhalten.

obenerwähnten ersten Gemahlin Anna Kress († 22. September 1415) schloss er am 22. November 1417 eine zweite Ehe mit Klara, der Tochter Konrad Zenners. Von den 21 Kindern, die diesen Ehen entsprossten, pflanzten fünf Söhne das Geschlecht fort, vier Töchter verheirateten sich mit angesehenen Patriziern aus den Familien Tucher, Löffelholz, Graser und Tetzel.

Wohl die glänzendste Verbindung ging Paumgartners älteste Tochter Margareta (geb. 1404) ein. Sie vermählte sich im Jahre 1420 mit Endres Tucher, Hans Tuchers Sohn. Der Prunk, der bei dieser Hochzeit entfaltet wurde[1]), legte Zeugnis ab von dem Wohlstand der beiden Familien, die hier in verwandtschaftliche Beziehung zueinander traten. Noch bekannter in der Nürnberger Stadtgeschichte ist die Vermählung einer anderen Tochter Paumgartners, Kunigunde, geworden, die sich im Jahre 1446 mit Wilhelm Löffelholz verheiratete. Zur Feier der Hochzeit veranstalteten die Patrizier ein „Gesellenstechen", über das wir durch Abbildungen und schriftliche Mitteilungen unterrichtet sind. Dieses Turnier soll den Adel nicht wenig verdrossen haben. Die Nürnberger selbst glaubten, dass dasselbe den Ausbruch des Städtekrieges im Jahre 1449 beschleunigt habe[2]). Jedenfalls legte es Zeugnis ab von dem Stolz und Selbstbewusstsein des unabhängigen Bürgertums der freien Reichsstadt[3]).

Neben solch frohen Ereignissen musste Konrad Paumgartner auch manches Traurige in seine Familienchronik aufnehmen. Von einem peinlichen Handel, der besonders seinen Sohn Anton anging, der aber auch für die Entwicklung des Handelshauses verhängnisvoll wurde, soll weiter unten noch die Rede sein. Im Jahre 1449 verlor Paumgartner in wenigen

[1]) Chroniken der deutschen Städte II S. 5 Anm. 3: der preütt vergülter gürtel unnd gülden hefftlein gestunden 58 gülden, unnd die hochtzeitt kopff, mahelfingerlein, clayder, kürssner lotter ansing und kuchen gelt, badtclaidt unnd zech zur hochtzeitt 177 gülden; darzu gab Hanns Tucher diesem seinem sun gegen 800 fl hayrat guts tausennt gulden gegenschatz unnd noch tausennt gülden an lehen güettern . . . Vgl. dazu 37. Jahresber. d. Hist. Ver. v. Mittelfranken S. 120 ff.

[2]) Chroniken der deutschen Städte I S. 218/19.

[3]) Das Nürnberger Gesellenstechen vom Jahr 1446, radiert und herausgegeben von Philipp Walter. Mit einer geschichtlichen Einleitung von Prof. Lochner. Nürnbg. 1845.

Wochen die Gattin († 23. August) und zwei blühende Kinder, einen Sohn Sebald (geb. 1411, † 2. September) und eine Tochter Agnes (geb. 1431, † 16. Oktober). Auch der älteste Sohn Konrad, der wohl bestimmt war, einst das Geschäft zu übernehmen, starb 1457 vor seinem Vater[1]).

Aber dafür umgab ihn ein stets wachsender Kreis von Enkeln und Urenkeln. Aus seinen Aufzeichnungen ergibt sich, dass er 74 Enkel und 40 Urenkel erlebte. Wie ein Patriarch stand er inmitten seiner Familie. Eine alte Tradition hat uns die Nachricht aufbewahrt, dass er alle Weihnachten, Sunwenden und Martini seine Enkel um sich vereinigte und jedem einen neuen Heller verehrte, ein schlichter Zug, der uns das Familienleben in Konrad Paumgartners Hause in schönstem Lichte zeigt[2]). Bis zum Jahre 1461, also über sein achtzigstes Lebensjahr hinaus, ging Paumgartner in den Rat. Die letzten beiden Jahre seines Lebens war er krank und bettlägerig. Er starb am Montag nach St. Gilgentag (3. September) 1464[3]). Ein Leben voll rastloser Tätigkeit fand damit seinen Abschluss.

Wir haben — soweit es das leider nicht sehr reich fliessende Quellenmaterial zuliess — versucht, ein allseitiges Bild von Konrad Paumgartners Wirken auf dem Hintergrund der reichbewegten Stadt- und Zeitgeschichte zu entwerfen, und besonders seine Bedeutung für die Handelsgeschichte ins rechte Licht zu setzen. Von kleinen Anfängen hatte er sein Geschäft zu hoher Blüte geführt und mit den Kreisen der Handels- und Finanzwelt wichtige Beziehungen angeknüpft. An seinem Erben lag es jetzt, in diesen Bahnen weiterzugehen. Anton Paumgartner, an den als an den ältesten der lebenden Söhne Konrads die Leitung überging, war dieser Aufgabe nicht gewachsen. Schon ein Jahr nach seines Vaters Tod brach über ihn die Katastrophe herein.

---

[1]) Nach Konrad Paumgartners Familienchronik. Die an sich einförmigen Daten dieser Aufzeichnungen sind ein neuer Beleg für die hohe Sterblichkeitsziffer in den Städten des Mittelalters.

[2]) Erwähnt von Lochner im Anzeiger für Kunde der deutschen Vorzeit 1863 Spalte 392 (Alphabet. Verzeichnis der im 1. Tl. von „Frankfurts Reichscorrespondenz" vorkommenden Nürnberger).

[3]) Diese zuletzt erwähnten Daten sind Konrad Paumgartners Familienaufzeichnungen von späterer Hand beigefügt.

Drittes Kapitel.

Anton Paumgartner und der Zusammenbruch der Firma.

Anton Paumgartner (geb. 1418) ist uns im Verlauf unserer Darstellung bereits begegnet, da er, seit sein Vater ins höhere Alter getreten war, in dessen Namen das Paumgartnersche Geschäft weiterführte. Seit dem Jahre 1442 war er verheiratet mit Klara Arzt, die dem bekannten Augsburger Geschlecht dieses Namens entstammte[1]). Durch seine Gemahlin war er im Jahre 1453 in einen ärgerlichen Streit verwickelt worden, der für seine Vermögensverhältnisse unheilvolle Folgen hatte und auch weitere Kreise berührte. Da sich darüber ein ausserordentlich reiches und interessantes Material erhalten hat, so verlohnt es sich, hier näher darauf einzugehen[2]).

Anton Paumgartners Schwiegervater, Ulrich Arzt, war im Jahre 1426 nach Aufgabe seines Bürgerrechts von Augsburg nach Nürnberg gezogen, wo er im Jahre 1436 starb[3]). Er hinterliess zwei Söhne: Ulrich und Hans und drei Töchter[4]). Justina, die Hans Ulstatt heiratete, Klara, die Gemahlin Anton

---

[1]) Im Gegensatz hierzu findet sich bei Stetten (Geschichte der adel. Geschlechter S. 195) die irrige Annahme, dass Anton Paumgartner sich erst nach seinem Bankrott im Jahre 1475 in Augsbug mit Klara Arzt vermählte. Neuere Historiker (Strieder u. a.) sind Stetten gefolgt und haben dadurch ein falsches Bild von den Anfängen der Paumgartner in Augsburg gegeben. Wie sich die Sache in Wirklichkeit verhielt, wird weiter unten dargelegt werden.

[2]) Als Quellen für die ff. Darstellung der handelsgeschichtlich hochinteressanten Vorgänge kommen Archivalien im Nbg. Kreisarchiv in Betracht und ausserdem ein Kodex, der sich als Leihgabe im Besitz der Kgl. Hof- und Staatsbibliothek München befindet. (Cod. Aschaff. Nr. 9 Pap.) Herr Oberbibliothekar Dr. Leidinger hatte die Freundlichkeit, mich auf denselben aufmerksam zu machen.

[3]) Vgl. über ihn, was der bekannte Chronist Burkard Zink unter der Ueberschrift „Von ainem reichen man" erzählt. (Chroniken d. deutschen Städte V S. 72/73.)

[4]) Zur Erläuterung diene folgende Stammtafel:

Ulrich Arzt † 1436

Hans † 1453, Ulrich	Justina,	Klara,	Ursula
m. Anna Graser	m. Hans Ulstatt	m. Ant. Paumg.	m. Sigm. Gossembr.

Paumgartners, und Ursula, die sich mit dem bekannten Humanisten Sigmund Gossembrot vermählte. Die Söhne Ulrich Arzts betrieben nun die von ihrem Vater gegründete Handelsgesellschaft weiter, an der auch Hans Ulstatt, Sigmund Gossembrot und Klara Arzt, letztere mit ihrem Heiratgut, sich beteiligten[1]). Anton Paumgartner erklärte später wiederholt, dass er für seine Person der Gesellschaft fern gestanden habe. Da die Mehrzahl der Teilhaber in Nürnberg wohnte, so wurde als Sitz der Gesellschaft diese Stadt bestimmt. Sigmund Gossembrot liess sich in Nürnberg durch Kaspar Nagel, einen geborenen Augsburger, vertreten[2]). An der Spitze des ganzen Unternehmens stand als „Obmann" Hans Arzt, der die Rechnungsbücher führte und im Namen der Mitgesellschafter die Geschäfte abschloss. Um das Jahr 1450 entstanden jedoch wegen der Rechnungsführung des Obmanns Streitigkeiten, worauf sich die Teilhaber (Ulrich Arzt, Gossembrot, Klara Paumgartner und Ulstatt) in den Besitz von Papieren zu setzen suchten, die Hans Arzt in Verwahrung hatte. Sie gewannen den Kaspar Nagel, der sich dazu herbeiliess, dem Hans Arzt die Schriftstücke, auf die sich ihre Verdachtsgründe bezogen, zu entwenden. Auf Grund derselben zwangen die Teilhaber dann den Arzt, eine Schuldurkunde zugunsten der Teilhaber auszustellen. Hans Arzt rief gegenüber dieser Nötigung die Hilfe des Nürnberger Rats an und beschuldigte Kaspar Nagel des Diebstahls der Papiere. Nagel wurde hierauf in Nürnberg im Jahre 1451 verhaftet und gefangen gesetzt. Da er jedoch ein geborener Augsburger war, so focht Gossembrot und seine Partei dieses Vorgehen der Nürnberger an, und sie wandten sich an den Rat der Stadt Augsburg, um Nagel frei zu bekommen. Augsburg brachte die Angelegenheit sogar in Ulm auf dem Städtetage zur Sprache. Dieser sprach jedoch den Nürnbergern das Recht zu, über den in ihrer Stadt geschehenen

---

[1]) Die ff. Erzählung gibt uns einige Aufschlüsse über die kaufmännische Tätigkeit des Humanisten Gossembrot. Ueber seine gelehrten Neigungen sind wir ja durch W a t t e n b a c h (Ztschr. für Gesch. d. Oberrheins XXII u. XXV) und Paul J o a c h i m s o n (Zentralblatt für Bibliothekswesen Bd. 11 Hft. 6, 7) gut unterrichtet. Vgl. auch den Artikel Friedr. R o t h s in Allg. deutsche Biographie Bd. 49 S. 475.

[2]) Nagel wohnte zuvor in Augsburg im Hause Gossembrots (Augsb. Steuerbuch 1449 fol. 20 b).

Frevel selbst zu richten[1]). Als Gossembrot die Freilassung Nagels auf diesem Wege nicht erreichen konnte, rief er und seine Partei den Herzog Albrecht III. von Bayern-München um Schutz an[2]). Hans Arzt seinerseits wandte sich hierauf an Herzog Ludwig den Reichen von Bayern-Landshut, um die Bestrafung Nagels durchzusetzen.

Damit war aus dem privaten Streit ein politischer Handel von folgenschwerer Bedeutung geworden. Die um Beistand angerufenen Fürsten übten nämlich jetzt im Namen ihrer Schutzbefohlenen auf Nürnberg einen Druck aus und griffen zu dem alterprobten Mittel, den Nürnberger Kaufleuten in ihren Ländern die Handelschaft zu verbieten und ihnen ihre Warenzüge aufzuhalten. Die Stadt war damit an ihrem wundesten Punkte getroffen und musste danach trachten, eine Einigung herbeizuführen. Im Jahre 1453 begaben sich zu diesem Zweck im Auftrag der Nürnberger Konrad von Heideck, Werner von Parsberg und Gregor Heimburg an den Hof Ludwig des Reichen. Nach langen Verhandlungen brachten sie eine Aussöhnung zustande — die sogenannte Landshuter Richtung. Danach sollte Anna Arzt — die Witwe des inzwischen verstorbenen Hans Arzt — als Entschädigung für den ihrem Mann zugefügten Schaden 28 700 fl erhalten, für deren richtige Bezahlung sich die Stadt Nürnberg verbürgte[3]). Nach der Rückkehr der Gesandten — die Landshuter Richtung kam am 15. April 1453 zustande — wandte sich der Rat an Anton Paumgartner und seinen Vater, um von ihnen die Bezahlung zu erlangen, da die anderen ehemaligen Teilhaber der Gesellschaft nicht mehr in Nürnberg weilten. Anton Paumgartner erklärte nun zwar, dass er mit der ganzen Angelegenheit nichts zu tun habe, da nur seine Frau ihr Heiratgut in

[1]) Kreisarchiv Nürnberg: D 1773.

[2]) Chroniken der deutschen Städte X S. 197 mit Anm.

[3]) Die Landshuter Richtung, die sich im Wortlaut in dem obenerwähnten Aschaffenburger Kodex erhalten hat, bestimmte, dass diese Summe an Anna Arzt bezahlt werden sollte, wenn sich ihre Prozessgegner weigerten, die Bücher und Rechnungen der Gesellschaft in Landshut zur Einsicht vorzulegen. Als Revisoren dieser Geschäftsbücher wurden aufgestellt: Ludwig Meuting und Klaus Grander von Augsburg, Heinrich Müllner von Nördlingen, Erhart Vehlin von Memmingen und Jobst Humpis von Ravensburg, also die Hauptvertreter des oberdeutschen Handels in damaliger Zeit.

der Gesellschaft gehabt habe. Belastend für ihn aber war, dass die dem Hans Arzt entwendeten Papiere in seinem Hause wieder gefunden wurden. Er erklärte sich schliesslich auch mit seinem Vater bereit, die Entschädigung an Anna Arzt zu bezahlen, wenn der Rat einen Teil der Summe auf sich nehme. Er hätte dies wohl nicht getan, wenn er sich nicht doch irgendwie schuldig gefühlt hätte.

Schliesslich verständigte man sich dahin, dass der Rat von den 28 700 fl an Paumgartner 10 350 fl bezahlte, die übrigen 18 350 fl entrichteten Konrad und Anton Paumgartner aus ihrem Vermögen[1]). Kaspar Nagel blieb noch bis zum Jahre 1455 im Nürnberger Gefängnisse. Er schwört am 16. Juni dieses Jahres bei seiner Freilassung den Nürnbergern Urfehde. Gleichzeitig erklären Konrad und Anton Paumgartner, Ulrich Arzt, Sigmund Gossembrot und Justina Ulstatt, dass sie des Nagels wegen mit der Stadt Nürnberg völlig versöhnt seien. Anton Paumgartner schien mit der Lösung des Streites zufrieden zu sein, da er in den folgenden Jahren nicht mehr darauf zurückkam. Erst zehn Jahre später griff er wieder darauf zurück.

Dem Ansehen des Handelshauses tat der doch recht unwürdige Vorfall keinen Eintrag. Wir haben bereits oben gesehen, wie gerade zwischen 1455 und 1460 die Firma zu Florenz und Rom in Beziehung trat. Anton Paumgartner war dabei selbst beteiligt. Warenhandel und Geldgeschäfte gingen wie zu Konrads Zeiten nebeneinander her. Seit Anfang der sechziger Jahre erscheint Anton Ridler, ein Verwandter Paumgartners, als Teilhaber. Den beiden Kaufleuten wurden Ende August 1462 bei Fulda Waren im Werte von 1237 fl weggenommen[2]). Neu scheint Paumgartners Teilnahme an dem eben mächtig aufblühenden Metallhandel gewesen zu sein. Im Jahre 1463 kaufte er von Ludwig dem Reichen, dem Inhaber der Rattenberger Silbergruben, 800 Mark Silber um

[1]) Die Quittungen der Anna Arzt und ihrer Söhne Hans und Wilhelm vom 28. Mai und 24. August 1453 über den Empfang der 28 700 fl haben sich im Kreisarchiv Nürnberg D 1807 und Urk. VI $\frac{101}{1}$ Nr. 2341 erhalten. Anton Paumgartner erscheint dabei nur als Vertreter seiner Gattin Klara.

[2]) Nürnberger Briefbücher Bd. 30 S. 42 b. Die Waren gehörten Anton Paumgartner, dessen Warenzeichen die Ballen trugen und seinem Mitgesellschafter Anton Ridler, der das Warenzeichen führte

5280 fl[1]). Paumgartner lieh dem Herzog dagegen 4000 fl. In Mainz wurden ihm damals bei Eroberung der Stadt während der Mainzer Stiftsfehde zwei Saum Gewand im Wert von 350 fl und zwei Säcke mit Kupfer und 130 Mark Feinsilber weggenommen[2]).

Solche Schädigungen konnten, wenn sie sich öfter ereigneten, wohl einen ungünstigen Einfluss auf den Geschäftsgang ausüben. Dazu kam, dass im Jahre 1460 Antons jüngerer Bruder Martin fallierte[3]). Dies mochte mit der Grund sein, dass Anton damals in Zahlungsschwierigkeiten geriet. Die ersten Anzeichen davon finden sich im Jahre 1461. Damals unternahm Herzog Wilhelm von Sachsen eine Pilgerreise ins Heilige Land. Da die im Orient gebräuchliche Münze nicht der rheinische Gulden, sondern der Dukaten war, so wandte sich der Herzog an das Bankhaus Paumgartner in Nürnberg, um Gulden in Dukaten umwechseln zu lassen. Zwei herzogliche Agenten zahlten in Nürnberg 10 154 fl ein und erhielten dafür Wechselbriefe, gegen welche Paumgartners Vertreter in Venedig, Anton Ridler, die entsprechende Summe Dukaten auszahlen sollte[4]). Paumgartner nahm nun das Geld in Nürnberg wohl in Empfang, zögerte aber mit der Aushändigung der Dukaten. Nach auf uns gekommenen Rechnungen konnte der herzogliche Agent von Ridler nur 3350 Dukaten erhalten. Als nun der Herzog nach seiner Rückkehr aus Palästina sein Geld ohne Erfolg zurückforderte und sich auch vergebens an den Rat wandte, liess er den Nürnbergern Fehde ankündigen und die Warenzüge der Kaufleute aufhalten. Durch Vermittlung der Stadt Erfurt kam im Mai 1466 eine Einigung zwischen Nürnberg und Herzog Wilhelm von Sachsen zustande, indem der Herzog seine Forderung — 8811 fl 12 kr 10 h — an Nürnberger Bürger abtrat[5]). Anton Paumgartner hatte aber noch

---

[1]) München, Reichsarchiv: Neuburger Kopialbücher XXIV fol. 302 a u. b.

[2]) Nürnberger Briefbücher Bd. 30 S. 63.

[3]) Simonsfeld, Fondaco I S. 491.

[4]) J. G. Kohl: Die Pilgerfahrt des Landgrafen Wilhelm des Tapferen von Thüringen zum Hl. Land im Jahre 1461, Bremen 1868. Das ausführliche Verzeichnis der Ausgaben ist S. 132 ff. abgedruckt.

[5]) Nach der Erzählung des zeitgenössischen sächsischen Chronisten Hartung Kammermeister. (Geschichtsquellen der Provinz Sachsen XXXV S. 218.)

andere Gläubiger. So hören wir, dass er dem Pfalzgrafen Friedrich 2400 fl schuldig war[1]). Als seine finanziellen Schwierigkeiten in Nürnberg ruchbar wurden, hielt er sich dort nicht mehr für sicher. Er ritt am 20. Juni 1465 aus der Stadt[2]), in der er ebenfalls viele Gläubiger zurückliess, sagte sein Bürgerrecht auf und begab sich in den Schutz des Markgrafen Albrecht Achilles nach Schwabach.

Von hier aus strengte er gegen seine Vaterstadt eine Klage am kaiserlichen Hofgerichte an. Zurückgreifend auf die oben von uns ausführlich geschilderten Ereignisse des Jahres 1453 erklärte er, dass der Anfang seines Verderbens jene Bezahlung der 18 350 fl an Anna Arzt gewesen sei, zu der ihn der Rat von Nürnberg gezwungen habe. Er suchte nun auf dem Prozesswege die Rückzahlung jener Summe vom Rat zu erreichen. Dadurch wurde jener ganze Streit von neuem aufgerollt[3]). Die Nürnberger erhoben vor dem Hofgericht Gegenklage wider Anton Paumgartner wegen einer Schuld von 644 fl und holten von verschiedenen Universitäten (z. B. Heidelberg, Köln, Padua, Bologna) Rechtsgutachten ein[4]). Der Prozess am Hofgerichte, der sich vom August 1466 bis Februar 1469 hinzog, führte zu keinem Resultat. Die Parteien einigten sich nun dahin, dass ein Schiedsgericht auf einem dazu bestimmten Rechtstage die Streitsache entscheiden solle. Der zum Schiedsrichter ernannte Landkomtur der Ballei Franken (Deutschherrnorden), Melchior v. Neuneck, berief während der Jahre 1469 bis 1472 mehrmals solche Tagungen zu Vergleichshandlungen. Schliesslich wurde der Streit zugunsten Nürnbergs entschieden und Paumgartners Ansprüche auf Wiederherauszahlung der 18 350 fl für nichtig erklärt. Mit seinen übrigen Gläubigern scheint sich Paumgartner auf friedlichem Wege geeinigt zu haben. Zum Teil kamen auch seine Geschwister für seine Schulden auf.

---

[1]) Nürnberger Kreisarchiv D 1773.

[2]) In mehreren Schreiben an den Rat der Stadt (Nbg. Kreisarchiv D 1807) suchte er sein „Ausreiten“ zu rechtfertigen.

[3]) Aus den Verhandlungen des Jahres 1465 stammen die oben bei der Erzählung der Ereignisse des Jahres 1453 benützten Quellen, besonders der Aschaffenburger Kodex, der eine grosse Fülle von Einzelheiten über den Prozess am kaiserlichen Hofgericht (Zeugenaussagen, inserierte Urkunden usw.) enthält.

[4]) Nbg. Kreisarchiv D 327.

Nach dem Jahre 1472 entschwindet Anton Paumgartner aus unseren Augen. Nur sein Todesjahr haben uns Familienaufzeichnungen aufbewahrt: er starb, 57 Jahre alt, zu Würzburg am 26. Oktober 1475[1]). Fern von der Heimat also hat er die letzten Jahre seines Lebens zugebracht und ist als gebrochener Mann in der Fremde gestorben. Und doch wurde gerade er der Stammvater eines neuen blühenden Zweiges des Paumgartnerschen Geschlechts. Einer seiner Söhne, Anton, wurde Geistlicher und brachte es bis zum Domherrn von Brixen und Augsburg[2]). Zwei andere Söhne, Franz und Hans, aber liessen sich durch ihres Vaters Misserfolge vom Kaufmannsberufe nicht abschrecken. Da sie in die Stadt nicht zurückkehren wollten, mit der ihr Vater in so heftiger Fehde gelegen war, mussten sie sich einen neuen Wohnsitz suchen. Sie wählten als solchen Augsburg, die Rivalin Nürnbergs. Dort in der Metropole des süddeutschen Handels tat sich ihnen für ihre Tätigkeit ein weites Feld auf. Bevor wir ihnen jedoch dorthin folgen, wollen wir uns in grossen Zügen die weiteren Schicksale der in Nürnberg gebliebenen Linie vergegenwärtigen.

Viertes Kapitel.

Ueberblick über die späteren Schicksale der Familie in Nürnberg.

Die Fortsetzung des Nürnberger Zweigs der Paumgartner knüpft sich an die schon obenerwähnten zwei Brüder Antons: Konrad und Martin. Von ihnen wurde Konrad († 1457) der Ahnherr einer Reihe von Gelehrten, die in ihrem engern und weiteren Vaterland sehr verdienstvoll wirkten. Gabriel Paum-

[1]) In Konrad Paumgartners Familienchronik ist dieses Datum nachgetragen.

[2]) Herzog Sigismund bediente sich seiner des öftern zu Gesandtschaften nach Rom. Anton (geb. 1451) starb im Jahre 1492 zu Brixen, wo sein Grabstein noch zu sehen ist. (Jos. Resch: Monumenta veteris ecclesiae Brixinensis, 1765 Teil I S. 12, enthält den Text seines Grabmals, das mit dem Paumgartnerschen Wappen geschmückt ist.)

gartner[1]), Konrads Sohn, geboren im Jahre 1449, studierte in Leipzig während der Jahre 1463 bis 1465 und erlangte dort 1465 das Bakkalaureat. Nachdem er die Würde eines Doktors der Rechte sich erworben, wirkte er seit 1478 an der neugegründeten Universität Ingolstadt und bekleidete dort im Jahre 1481 das Rektorat. 1497 kehrte er in seine Vaterstadt zurück und wirkte dort als Rechtskonsulent bis zu seinem Tode (1507). Sein Sohn ist der berühmte Hieronymus Paumgartner (1498 bis 1565)[2]), der neben Wilibald Pirkheimer und Lazarus Spengler zu den führenden Männern in dem Nürnberg der Reformationszeit gehörte. Er schloss sich der Lehre Luthers an und trat zu ihm und Melanchthon in freundschaftliche Beziehungen. Der reiche Briefwechsel der Reformatoren mit ihm legt davon Zeugnis ab. In seiner Vaterstadt war er in den höchsten Aemtern tätig und machte sich besonders um das Schulwesen verdient. Wie sein Bruder Bernhard, war er mehrmals Vertreter Nürnbergs auf Reichstagen. Als er 1544 von Speyer heimritt, wurde er bei Wimpfen von Albrecht von Rosenbergs Reitern überfallen und gefangen genommen; eine Untat, die in den weitesten Kreisen des Reichs Aufsehen und Empörung hervorrief. Erst nachdem sich Philipp von Hessen seiner annahm, wurde er nach vierzehnmonatlicher Haft gegen ein hohes Lösegeld freigegeben[3]). Sein Leben hat der Humanist Joachim Camerarius beschrieben.

Während sich so Konrad Paumgartners d. J. Söhne und Enkel auf dem Gebiet der Wissenschaft hervortaten, knüpft sich an den Namen seines Bruders Martin und der Söhne desselben die Erinnerung an ein von Albrecht Dürers Hand geschaffenes Kunstwerk, den Paumgartner-Altar. Die Stifter sind Martins Söhne Stefan, Dürers Freund, und Lucas, die

---

[1]) Gg. Andreas Will: Nürnbergisches Gelehrtenlexikon 3. Teil S. 119. Val. Rotmarus-Mederer: Annales Academiae Ingolstadtensis; Ingolst. 1782 f. I 13. 21. 65. — In der Matrikel der Universität Leipzig ist Gabriel Paumgartner im Sommersemester 1463 eingetragen. (Codex diplomaticus Saxoniae hrsg. v. O. Posse u. H. Ermisch II 16, 17.)

[2]) Neben Will a. a. O. 3. Teil S. 120 ff. unterrichtet über ihn der Artikel in der Allg. deutschen Biographie Bd. 2 S. 168.

[3]) Ein eigenhändiger Bericht Hieronymus Paumgartners über seine Gefangennahme durch Albrecht von Rosenberg ist veröffentlicht im 33. Jahresbericht des Histor. Ver. von Mittelfranken 1865 S. 103 ff.

bekanntlich beide als heiliger Georg und heiliger Eustachius auf den Flügeln des Altars porträtähnlich dargestellt sind. Der fromme Sinn der Brüder hat hier ein Denkmal entstehen lassen, das allein genügte, ihr und ihres Geschlechtes Namen für alle Zeiten unsterblich zu machen[1]).

Die Nürnberger Familie, die sich von ihren Gütern Holnstein und Lonerstadt seit der Mitte des 16. Jahrhunderts Paumgartner von Holnstein und Lonerstadt nannte, bestand noch bis Anfang des 18. Jahrhunderts, ohne dass jedoch aus ihr weiterhin Männer hervorgegangen wären, die mehr als stadtgeschichtliches Interesse besitzen. Im Jahre 1726 erlosch die Linie und mit ihr zugleich das ganze Geschlecht, da der Augsburger Stamm nach kurzer, aber herrlicher Blüte schon zuvor ein wenig rühmliches Ende genommen hatte.

---

[1]) Ueber den Paumgartner-Altar, der jetzt im Dürer-Saal der Alten Pinakothek neben Dürers berühmten Aposteln hängt, vgl. Friedrich H. Hofmann: Die Donatoren auf Dürers Paumgartner-Altar (in: Die christliche Kunst Bd. 1 [1905] S. 169 u. S. 205 ff.). Unerklärlich ist mir, wie Valentin Scherer „Dürer" (Klassiker der Kunst Bd. 4) die Behauptung aufstellen konnte, dass die auf dem Altarbild abgebildeten Wappen nicht die der Paumgartner seien. Ein Blick in Siebmachers Wappenbuch genügt, um „diese etwas diktatorische Behauptung" zu widerlegen.

II.

Die Paumgartner von Augsburg.

Erstes Kapitel.

Die Anfänge.
Hans Paumgartner der Aeltere.

Der erste Paumgartner, der sich in Augsburg niederliess, war Antons Sohn Franz (geb. 1453)[1]. Sein Name findet sich seit dem Jahre 1479 in den Steuerbüchern von Augsburg verzeichnet[2]. Er wohnte zunächst bei „Unserer Frauen-Brüderkloster" (jetzige Annastrasse) und zahlte seit 1480 eine Steuer von 15 fl[3], was ein immerhin nicht unbeträchtliches Vermögen voraussetzt. Wir werden annehmen dürfen, dass er dasselbe im Handel sich erworben hat, wenn auch nähere Angaben über seinen Lebensgang vor seiner Ankunft in Augsburg fehlen.

Keine Stadt war damals für einen aufstrebenden Kaufmann als Wohnsitz geeigneter als die alte Augusta[4]. An der Hauptverbindungsstrasse, die von Italien nach dem Norden Deutschlands führte, gelegen, stellte Augsburg allmählich selbst Nürnberg in den Schatten. Hier sassen die mächtigen Kaufherren, deren Reichtum bereits anfing, die Welt in Staunen zu setzen: neben den Fuggern und Welsern die Höchstetter, Meuting, Gossembrot, Adler u. a. Mit einigen dieser Familien, den Gossembrot und Arzt, standen die Paumgartner, wie wir

[1]) Anton Paumgartner selbst war nie in Augsburg ansässig. Die sich bei Stetten, Geschichte der adel. Geschlechter, findende Notiz (S. 196) entbehrt jeder Begründung. Seine Verheiratung mit Klara Arzt fällt nicht ins Jahr 1475, sondern ins Jahr 1442 (siehe o. S. 19).

[2]) Augsburger Steuerbuch 1479 fol. 29 b.

[3]) Ebenda 1480 fol. 29 b. Ueber die mit den Augsburger Steuerverhältnissen zusammenhängenden Fragen gibt Aufschluss: Jac. Strieder: Zur Genesis des modernen Kapitalismus S. 1 ff., und Max Jansen: Die Anfänge der Fugger (Studien zur Fuggergeschichte 1. Heft), Leipzig 1907 S. 83 ff.

[4]) Einen guten Ueberblick über die Zustände Augsburgs um das Jahr 1500 gibt Friedrich Roth im 1. Bande seines Werks: Augsburgs Reformationsgeschichte S. 1—35.

schon wissen, in verwandtschaftlichen Beziehungen, so dass also Franz kein völlig Fremder war, als er nach Augsburg kam, um sich hier eine neue Existenz zu gründen.

Er schloss sich der Kaufmannszunft an[1]) und trieb neben Warenhandel auch Geldgeschäfte. So bediente sich die Stadt seiner und seines obengenannten Bruders, des Brixener Domherrn Anton Paumgartners, Vermittlung, als sie im Jahre 1482 ein an das Brixener Domkapitel jährlich zu zahlendes Ewiggeld von 110 fl durch 2750 fl ablöste[2]). Ein Geschäft anderer Art, das bereits auf Beziehungen zu Rom hinweist, machte er für die Stadt im Jahre 1484. Der Vertreter Augsburgs in Rom, Hans Gassel, hatte dort wahrscheinlich von einem Faktor Franz Paumgartners 280 Dukaten erhalten. Dafür zahlte die Stadt dann an Paumgartner 379 fl[3]). Es war also ein Wechselgeschäft, wie solche damals auch die Fugger mehrmals ausführten[4]).

Im Jahre 1484 folgte Franz Paumgartners Schwester Kunigunde ihrem Bruder nach Augsburg, als sie sich mit Michael von Stetten, einem angesehenen Bürger, verheiratete[5]). Bereits im nächsten Jahr 1485 kam dann auch noch Anton Paumgartners jüngster Sohn Hans dorthin. Ihm, zweifellos dem Bedeutendsten der vier Söhne Antons, gelang es durch eine vornehme Heirat, engere Beziehungen zum Augsburger Patriziat anzuknüpfen. Er vermählte sich nämlich im Jahre 1485 mit Felizitas Rehlinger, der Tochter Leonhard Rehlingers[6]). Einem alten reichen Geschlecht entsprossen, brachte sie ihrem Gatten gewiss ein ansehnliches Vermögen zu. Als Gemahl einer Patrizierstochter fand Hans Paumgartner auch Aufnahme in die

[1]) Die städtische Verfassung Augsburgs im ausgehenden Mittelalter unterscheidet sich bekanntlich von der Nürnbergs dadurch, dass in Augsburg die Zünfte im Jahre 1368 Anteil an der Regierung des Gemeinwesens erhielten, wogegen Nürnberg stets ein rein aristokratisches Regiment hatte. In Augsburg war daher der Zugang zum Patriziat nicht mit der Aufnahme in den Rat verbunden. Die Patrizier bildeten vielmehr eine streng abgeschlossene Kaste, in die Neuaufnahmen vor dem Jahr 1538 überhaupt nicht stattfanden. Jeder Bürger, der nicht zum Patriziat gehörte, musste Mitglied einer Zunft sein.

[2]) Baumeisterbuch 1482 fol. 86.

[3]) Ebenda 1484 fol. 37, 38.

[4]) Jansen, Anfänge S. 52.

[5]) F. Warnecke: Augsburger Hochzeitsbuch, Berlin 1886 S. 9.

[6]) Ebenda S. 10.

Gesellschaft der Mehrer, deren Mitglieder Zugang zur Herrenstube hatten und auch sonst fast alle Vorrechte der Patrizier genossen[1]). Rasch hatte sich so Hans Paumgartner eine angesehene gesellschaftliche Stellung unter Augsburgs Bürgern errungen. Er schloss sich nun mit seinem Bruder Franz zu gemeinsamer Ausübung des Handels zusammen. Wir sind darüber im einzelnen freilich nicht näher unterrichtet, sehen aber aus den Steuerbüchern, wie sich ihr Reichtum mehrte. Die Brüder bezahlen nämlich:

1490	Franz	20 fl	Hans	42 fl	(pro Jahr) Steuer[2])
1492—97	„	26 „	„	62 „	
1498	„	86 „	„	114 „	

Im Jahre 1498 stand damit Hans Paumgartner unter den reichsten Bürgern an sechster, sein Bruder Franz an zehnter Stelle. Die Fugger folgten erst an zwölfter, fünfzehnter und siebzehnter Stelle[3]). Das Vermögen des Hans Paumgartner muss sich nach dieser Tabelle um das Jahr 1497 gewaltig gesteigert haben. Woher kam nun dieser rapide Vermögenszuwachs? Es waren die ersten Früchte der neuen bedeutungsvollen Verbindung, in welche die beiden Brüder damals, andern Augsburgern folgend, getreten waren: des Tiroler Bergbaus.

Um diese Dinge besser zu verstehen, müssen wir kurz auf die Entwicklung der Tiroler Bergwerke und ihre Bedeutung für das Finanzwesen der Habsburger einen Blick werfen[4]). Die Entdeckung der reichen Silbergruben in der Nähe von Schwaz, am Falkenstein um die Mitte des 15. Jahrhunderts rief in der damaligen Welt grosses Aufsehen hervor. Die Erlaubnis zum Abbau wurde vom Landesherrn, der das Bergregal besass, an

[1]) Ueber die „Mehrer", die gesellschaftlich eine Mittelstellung zwischen den Patriziern und den Angehörigen der Zünfte einnahmen, vgl. Dirr: Kaufleutezunft u. Kaufleutestube in Augsbg. zur Zeit des Zunftregiments (1368—1548) in: Ztschr. d. Hist. Ver. f. Schw. u. Nbg. Bd. 35 S. 137 ff. Ferner Dirr: Zur Gesch. d. Augsbg. Zunftverfassung (ebda Bd. 39).

[2]) Nach den Augsburger Steuerbüchern der betreffenden Jahre.

[3]) Strieder: Zur Genesis des modernen Kapitalismus S. 19 (Tabelle 10), wo die „Vermögenden" des Jahres 1498 zusammengestellt sind.

[4]) Diese Verhältnisse hat erstmals Jansen in seinen „Studien zur Fuggergeschichte" zum Gegenstand eingehendster Untersuchungen gemacht. Vgl. bes. „Anfänge der Fugger" S. 54 ff. und „Jacob Fugger der Reiche" (Studien z. Fugger-Geschichte, 3. Heft 1910) S. 13 ff.

einzelne Unternehmer, meist Tiroler Familien, verliehen. Die Füger, Tänzl, Stöckl und der aus Salzburg stammende, dann in Rattenberg ansässige Virgil Hofer waren die bedeutendsten dieser Schmelzherrn oder Gewerken. Sie erhielten jedoch das von ihnen gewonnene Erz nicht zum freien Verkauf, sondern mussten dasselbe nach Hall in die Münze liefern, wo sie für jede Mark Silber 5 fl (später mehr) erhielten. Soweit das Edelmetall nun nicht vermünzt wurde, verwendete es der Landesfürst — seit 1446 der trotz seines Beinamens der „Münzreiche" stets geldbedürftige Herzog Sigismund — dazu, Bargeld aufzunehmen. Man verschrieb kapitalkräftigen Kaufleuten, die Geld darliehen, Silber, das diese dann in Venedig auf den Markt brachten. Die Rückzahlung des Darlehens geschah nun in der Weise, dass der Kaufmann als Empfänger des Silbers an die Stelle des Landesherrn trat und den Gewerken die ihnen zustehenden 5 fl bezahlte. Da nun die Mark Silber einen Kurswert von ungefähr 8 fl hatte, so konnte die Differenz, der sog. Silberwechsel, als Tilgungsquote für das Darlehen benützt werden. Neben dieser besonders anfangs häufigen Art der Rückzahlung kamen gegen Ende des 15. Jahrhunderts auch noch andere vor, die uns im Zusammenhang der Darstellung noch begegnen werden. Seit dem Jahre 1470 war Sigismunds Hauptgeldgeber ein Kufsteiner Kaufmann Hans Baumgartner[1]), der in Handelsgesellschaft stand mit Hans Knoll von Salzburg. Diese beiden Kaufleute behaupteten bis 1487 fast unbestritten ihren Platz als Sigismunds Geldquelle. Die Not des venezianischen Kriegs und die an Venedig zu zahlende Entschädigung zwang dann Sigismund, sich nach einem kapitalkräftigeren

---

[1]) Es kann bei der zufälligen Gleichheit der Familien- und Vornamen nicht wundernehmen, wenn dieser Kufsteiner Baumgartner immer mit unserm Augsburger Hans Paumgartner identifiziert wurde, z. B. von Ehrenberg: Zeitalter d. Fugger I S. 192, und dann von Strieder a. a. O. S. 53. In Wirklichkeit haben wir es jedoch mit zwei völlig verschiedenen Personen zu tun, die auch zwei ganz verschiedenen Familien angehörten. Der Kufsteiner Hans Baumgartner ist bereits im Jahre 1462 in Tirol tätig, also zu einer Zeit, wo Hans Paumgartner noch als vierjähriges Kind in Nürnberg lebte. Uebrigens hat bereits Jansen (Jacob Fugger d. R. S. 13) die richtige Behauptung aufgestellt, dass die beiden Hans Baumgartner auseinanderzuhalten seien. Ueber Hans Baumgartner von Kufstein und seine Familie gibt ein Exkurs die wichtigsten Nachrichten. (S. 119 ff.)

Finanzmann umzusehen. Er trat in Beziehung zu den Fuggern, die allmählich Hans Baumgartners von Kufstein Sonderstellung erschütterten. Als dann im Jahre 1490 Maximilian I. an Stelle des schwachen Sigismund die Regierung Tirols übernahm, begünstigte er die Augsburger Kaufleute in erster Linie und liess ihnen den reichen Bergsegen zukommen. Neben den Fuggern bekamen jetzt Sigismund Gossembrot und sein Bruder Georg, der Rat Maximilians und Pfleger von Ehrenberg war[1]), ferner die Herwart, Adler und Höchstetter Anteil am Tiroler Finanzwesen, das, seit Maximilian König geworden war, auch das Geld für dessen weittragende Pläne aufzubringen hatte.

Dies ist in grossen Zügen die Entwicklung der Tiroler Verhältnisse bis zum Jahre 1496, in dem Franz und Hans Paumgartner Zugang zu den Bergschätzen fanden, die auch für sie eine Quelle des Reichtums wurden. Maximilian, der damals in Italien gegen die Franzosen Krieg führte, wandte sich, da der „gemeine Pfennig" nur spärlich einlief und auch das verbündete Venedig die zugesagten Geldmittel vorenthielt[2]), an die Fugger, Georg Herwart, Sigmund Gossembrots Gesellschaft und Franz und Hans Paumgartner), um ein Darlehen zu erhalten. Die genannten vier Firmen liehen hierauf dem König am 22. August 1496 60 000 fl. Dafür wurden ihnen 120 000 ℳ Silber gegeben, jede Mark zu 8 fl 5 kr gerechnet. Die Kaufleute bezahlten an die Gewerken für die Mark 6 fl 20 kr und ausserdem 1 fl 15 kr an den Tiroler Schatzmeister, den Rest (also ½ fl) durften sie zur Tilgung der 60 000 fl behalten. Ab 1. Januar 1497 sollte ihnen alles in Schwaz gemachte Silber drei Jahre lang zustehen. Da nun aber der Marktpreis des Silbers in Venedig ein viel höherer war und für die Mark Silber ca. 10 fl betrug, so konnten die Paumgartner, angenommen sie erhielten den vierten Teil des Silbers, in einem Jahr gegen 20 000 fl gewinnen[2]). Wir begreifen so das plötzliche Emporschnellen ihrer Steuersumme zwischen 1497 und 1498.

Bereits im Jahre 1497 schlossen die Brüder wieder einen Silbervertrag mit Maximilian ab, diesmal ohne weitere Teil-

[1]) Sigmund und Georg Gossembrot sind Söhne des uns schon bekannten Humanisten Sigmund Gossembrot.

[2]) Der Reingewinn freilich wird etwas geringer anzusetzen sein, da die Fracht, Zölle, Fuhrlöhne etc. von obiger Summe noch in Abzug zu bringen sind.

nehmer. Sie liehen am 5. Mai dem König 22 500 fl und erhielten dafür 45 000 ℳ Silber[1]). Maximilian brauchte dieses Geld ebenso, wie schon vorher bei Gossembrot und Herwart aufgenommene 40 000 fl zu „Bezahlung etlicher Schulden" in Augsburg, wo er im Vorjahre mehrere Monate geweilt hatte. Die Paumgartner konnten mit dem Empfang der 45 000 ℳ Silber erst im Jahre 1501 beginnen, da zuvor das dem Gossembrot und Herwart für jene 40 000 fl verschriebene Silber entrichtet werden musste.

Das Jahr 1498 brachte keine weiteren Anlehen bei den Paumgartnern, um so grösser waren dafür die Forderungen Maximilians im Jahre des verhängnisvollen Schweizerkriegs, der bekanntlich die Finanzkraft der Augsburger Kaufherrn auf eine besonders schwere Probe stellte. Der König betraute seinen Rat Georg Gossembrot mit der Aufgabe, in Augsburg Geld aufzubringen. Das uns aus dem Jahre 1496 schon bekannte Konsortium der vier Gesellschaften Fugger, Herwart, Sigmund Gossembrot und Paumgartner lieh am St. Matthiastag (24. Februar) 14 000 fl dar, die bar zurückbezahlt werden sollten[2]). Falls dies nicht möglich wäre, sollten die Kaufleute mit Silber befriedigt werden, aber erst nach Erfüllung des den Paumgartnern im Jahre 1497 gegebenen Vertrags. Weitere Darlehen von 6000 und 4000 fl schlossen sich an[3]), abgesehen von den grossen Verträgen, die Maximilian mit Fugger und Sigmund Gossembrot allein zustande brachte, die uns aber hier nicht weiter beschäftigen können.

Die Paumgartner hatten also festen Fuss in Tirol gefasst. Die grossen Silberbeträge, die sie jetzt alljährlich zu empfangen hatten, machten natürlich die dauernde Anwesenheit einer Vertrauensperson der Firma in Schwaz und Hall nötig. Seit dem Jahre 1500 wird Lucas Meuting, der einer bekannten Augsburger Kaufmannsfamilie entstammte, als Vertreter (Faktor) der Paumgartner in Tirol erwähnt[4]).

---

[1]) Innsbruck, Statthaltereiarchiv: Kopialbuch II. Serie T. fol. 14. Vgl. ausserdem Jansen: Jacob Fugger d. R. fol. 85 ff., wo dieser und eine Reihe der folgenden Verträge von Jansen im Zusammenhange der Fuggerschen Geschäfte bereits erwähnt sind.

[2]) Innsbruck Statthaltereiarchiv: Cop. II. Ser. 1499 fol. 1 u. 2.

[3]) Ebenda fol. 32.

[4]) Ebenda Kopialbuch Missiv 1500 fol. 124.

Maximilian erkannte die Dienste, die ihm Hans Paumgartner erwiesen, dankbar an. In einer Urkunde vom 2. Oktober 1499, in der er besonders die Leistungen Paumgartners im letztvergangenen Krieg gegen die Schweizer hervorhebt, verbesserte er ihm sein Wappen und erhöhte ihn in den Stand der edlen Turniergenossen und rittermässigen Leute, dem auch seine Ahnen, bevor sie sich in Städten niederliessen, schon angehört hätten. Er soll ferner das Recht haben, auch in weltlichen und geistlichen Stiften Lehen zu tragen und zu Gericht zu sitzen[1]). Gegenüber seinem Bruder trat Franz an Bedeutung mehr zurück. Er starb bereits im Jahre 1503[2]), worauf Hans allein das Geschäft weiterführte. Bald sollte er in noch engere Beziehungen zu Maximilian und der Tiroler Finanzbehörde treten.

Der Schweizerkrieg hatte zu einer völligen Erschöpfung der Tiroler Finanzen geführt. Maximilian, der seit Antritt seiner Regierung an einer Neuorganisation der Verwaltung arbeitete, suchte daher jetzt auch das Finanzwesen auf eine sichere Grundlage zu stellen. Der geeignetste Mann für diese nicht leichte Aufgabe schien ihm Georg Gossembrot zu sein, der schon seit 1496 in der Schatzkammer tätig war. Auf Grund zweier Verträge, die Maximilian mit ihm abschloss, trat nun Gossembrot an die Spitze des ganzen ober- und niederösterreichischen Finanzwesens[3]). Der oberösterreichische Vertrag vom 26. August 1501, der 3¼ Jahre, also bis 1504 Geltung haben sollte, bestimmte, dass Gossembrot alle Einkünfte Tirols und der vorderösterreichischen Lande erhalten und dafür für alle Ausgaben der Kammer, den Hofstaat der Königin usw. aufkommen sollte. Ausserdem hatte er für die Befriedigung der Gläubiger, darunter auch der Augsburger Kaufleute, zu sorgen[4]). Am

[1]) München, Reichsarchiv: Familienkodex der Paumgartner (Herrschaft Hohenschwangau I 36, 2) enthält diese Urkunde, ausgestellt zu Innsbruck am andern Tag Oktobris 1499.

[2]) Franz Paumgartner zahlt im Jahre 1502 in Augsburg zum letztenmal Steuer (Steuerbuch 1502 fol. 38 c). Im nächsten Jahr zahlen seine Erben (Steuerbuch 1503 fol. 44 d). Franz Paumgartner hinterliess mehrere Söhne, von denen einer, Johann, sich mit Ottilie Höchstätter vermählte und im Jahre 1529 beim Höchstätter Konkurs eine wenig rühmliche Rolle spielte. (Chroniken d. deutschen Städte XXIII S. 221.)

[3]) Sigmund Adler: Die Organisation der Zentralverwaltung unter Kaiser Maximilian I. Leipzig 1886 S. 395 ff.

[4]) Der oberösterr. Vertrag (Innsbruck, Statthaltereiarchiv: Geschäft v. Hof 1501 fol. 142) ist besprochen bei Adler a. a. O. S. 395—400.

3. Januar 1502 kam unter ähnlichen Bedingungen der niederösterreichische Vertrag zustande, der das Finanzwesen Niederösterreichs in Ordnung bringen sollte[1]). Der energische Gossembrot wäre der rechte Mann gewesen, hier Besserung zu schaffen. Er starb aber bereits Mitte Juni 1502, für Maximilian ein schwerer Verlust[2]). In seinem Testament setzte Gossembrot als „testamentari, verweser und handler" seinen Freund Hans Paumgartner und den Kaufmann Lucas Gassner ein[3]). Maximilian billigte die von Gossembrot getroffene Wahl und betraute die beiden auch mit dem Vollzug jener Verträge. Paumgartner trat ausserdem als Gossembrots Nachfolger in den Besitz der Pflege Ehrenberg und wurde am 18. August vom König zu seinem Rat ernannt. Der Raitkammer wurde befohlen, Paumgartner, wenn er nach Innsbruck komme, an den Beratungen teilnehmen zu lassen und seine Vorschläge anzuhören[4]). Paumgartner war in Geldgeschäften erfahren genug, um den Bedingungen der Finanzverträge nachkommen zu können, so dass es zu Aenderungen keinen Anlass gab. Wir hören daher auch über die Ausführung der ihm anvertrauten Aufgabe wenig, ein Beweis dafür, dass dieselbe sich in den ursprünglich festgesetzten Bahnen vollzog. Für unsern Kaufmann waren so die Jahre 1502 bis 1504 von einer ausserordentlichen Bedeutung. Er hatte Einfluss bekommen auf die Regierung des Landes, mit dem er auch geschäftlich in Berührung stand, und war so über alle wichtigen Vorgänge gut orientiert. Zu Maximilian war er in ein näheres persönliches Verhältnis getreten und dessen Rat geworden. Letzteres blieb er auch weiterhin, als 1504 die Gossembrotschen Verträge abliefen. Diese hatten ihn auch mit dem obengenannten Lucas Gassner enger verbunden, so dass derselbe nun eine Zeitlang als Paumgartners Teilhaber erscheint.

Den Warenhandel gab Hans Paumgartner nicht auf. Wir hören mehrmals, dass er für den König und seine Hofhaltung Gewürze und Tuche besorgte, auch verproviantierte er ge-

---

[1]) Abgedruckt bei Adler a. a. O. Anhang III, S. 536.

[2]) Adler a. a. O. S. 116; bei H. Ulmann: Kaiser Maximilian I. 1. Bd. S. 819 Anm. 2, ist als Gossembrots Todesdatum fälschlich der Januar 1502 angegeben.

[3]) Innsbruck, Statthaltereiarchiv: Max. XIII, cart. 32.

[4]) Adler a. a. O. S. 116.

legentlich Maximilians Truppen mit Getreide. Hauptgegenstand seines Handels bildete aber Silber und Kupfer, das er in Venedig auf den Markt brachte. Dort besass er im neugebauten Fondaco eigene Gewölbe. Seine ständigen Beziehungen zur Lagunenstadt ermöglichten es ihm auch, Nachrichten über wichtige politische Vorgänge zu erhalten, die er dann dem König mitteilte.

Indessen hatten sich infolge der Entdeckung Amerikas Veränderungen auf dem Weltmarkt ergeben, die gewiss Paumgartners Geschäft nicht unberührt liessen. In den Tagen, da die Fugger, Welser und Höchstetter ihre Schiffe nach Venezuela und Ostindien aussandten, muss auch Paumgartner an diesen Unternehmungen irgendwie Anteil genommen haben und wenigstens zu den neuen Handelsplätzen in den Niederlanden (bes. Antwerpen), die allmählich Venedig aus seiner Vormachtstellung verdrängten, in Beziehung getreten sein. Dass uns darüber keine Nachrichten vorliegen, hat seinen Grund in der Beschaffenheit des handelsgeschichtlichen Quellenmaterials, das uns ja bekanntlich gerade in bezug auf den Privathandel leider nur zu oft im Stich lässt. Auch Paumgartner wird sich dem Zug der neuen Zeit gefügt haben und dorthin gefolgt sein, wo sich ungeahnte Gewinnaussichten eröffneten.

Vielleicht hängt es damit zusammen, dass wir aus den Jahren 1504 bis 1507 wenig von Geldgeschäften mit den Habsburgern hören. Es erscheinen damals als Gläubiger Maximilians die Rehlinger, Stunz, Besserer von Ulm u. a., also Firmen, die nicht in dem Masse zu den Weltfirmen gehörten, wie die Fugger, Welser, Höchstetter und Paumgartner[1]). Erst im Jahre 1508, als Maximilian seinen Krieg mit Venedig begann, zwang ihn seine Geldnot, mit den Kaufleuten in Augsburg wieder wegen einer grossen Anleihe zu unterhandeln, wobei auch Paumgartner mit herangezogen wurde[2]). Wie unwillkommen den

[1]) Dass die Paumgartner damals bereits zur Hochfinanz gehörten, wird bestätigt durch eine Stelle in den Relationen des venezianischen Gesandten Vincenzo Quirini. Dieser zählt folgende sieben Augsburger Firmen auf, mit denen Maximilian seine Geschäfte abschloss: Fugger, Welser, Höchstetter, Gossembrot (so ist natürlich die Form Casimprout aufzulösen, die der Herausgeber der Relationen nicht zu erklären wusste), Adler, Baumgartner, Herwart. (Eugenio Albèri: Le relazione degli ambasciatori Veneti al Senato, 1. Serie Bd. 6 S. 29.)

[2]) Ehrenberg: Zeitalter d. Fugger I S. 92 Anm.

Augsburgern gerade damals solche Geldgeschäfte waren, zeigt die Tatsache, dass ihnen der Kaiser bei seiner Anwesenheit in Augsburg versprechen musste, er werde sie gegen ihren Willen nicht mehr zu Anleihen heranziehen[1]). Auf die Dauer war freilich ein solches Versprechen bei Maximilians beständiger Geldknappheit nicht zu halten. Als 1513 „die Kriegsleuff dermassen zuegefallen, dass die Kammer einer trefflichen Summe Geldes notdürftig" wurde, wandte man sich auch wieder an Paumgartner. Am 5. Juli schrieb die Regierung an Hans Paumgartner, dass man mit ihm bis zu 20 000 fl handeln wolle. Er solle sich eilends nach Innsbruck verfügen und Geld mitbringen[2]). Ob dann wirklich ein Vertrag abgeschlossen wurde, geht aus den Einträgen des Kopialbuchs nicht hervor. Zu den Verhandlungen über Geldgeschäfte in den folgenden Jahren zog Hans Paumgartner auch seinen Sohn Hans bei, da er sich allmählich vom Geschäft zurückzuziehen beschloss. Wir werden daher erst weiter unten darauf zurückkommen, wenn wir Hans Paumgartner d. J. uns zuwenden.

Seit einer Reihe von Jahren erstreckten sich die Beziehungen Paumgartners nicht mehr allein auf die mit Maximilian I. abgeschlossenen Verträge. Sein kaufmännischer Blick hatte den Wert der Bergwerke gleich erkannt. Er sah ein, dass sich sein Einfluss noch bedeutend steigern würde, wenn er selbst in den Besitz von Gruben käme. Er konnte dann auf die Silberproduktion regulierend einwirken und auch verlangen, dass man auf das von ihm gewonnene Silber zuerst mit ihm verhandle und Verträge abschliesse. Als einer der ersten unter den Augsburgern brachte er deshalb einige Gruben an sich, die er auf seine Rechnung abbauen liess. Bereits im Jahre 1502 ist er zusammen mit Lucas Gassner Besitzer von Bergwerken am Falkenstein[3]), vorher im Jahre 1500 hatte er auch bei Sterzing sich ins Bauen eingelassen. Der schon genannte Lucas Meuting überwachte die Silbergewinnung. Im Jahre 1513 lässt sich endlich ein eigenes Hütt- und Schmelzwerk in Paumgartners Besitz in Kundl nachweisen[4]). Der

---

[1]) Ehrenberg: Zeitalter d. Fugger I S. 92 Anm.

[2]) Innsbruck, Statthaltereiarchiv: Missiv ad Caesarem (1513) fol. 123.

[3]) Innsbruck, Statthaltereiarchiv: Max. XII, 1.

[4]) Ebenda. Entbieten und Befehl (1513) f. 229.

Vater legte damit den Grund zu seines Sohnes grossartigen Bergwerksunternehmungen, die wir später kennen lernen werden.

Auch auf einem anderen Gebiet leitete er die Bestrebungen Hans Paumgartners d. J. ein — im Erwerb von Gütern. Im Zusammenhang mit Gossembrots Testament haben wir bereits der von ihm übernommenen Pflege Ehrenberg bei Füssen Erwähnung getan[1]). Er zahlte den Erben Gossembrots 2000 fl, welche diesem auf die Pflege versichert waren, hinaus und löste ausserdem mit Maximilians Zustimmung den Grafen Hans v. Montfort, der 2000 fl auf dem Gericht Ehrenberg und Tannheim stehen hatte, ab. Am 18. August 1502 teilte dann der König den Untertanen des Gerichts mit, dass er den Hans Paumgartner, seinen Rat, zum Pfleger in Ehrenberg ernannt habe[2]). Es wurden ihm für Burghut und Dienstleistungen 500 fl aus den Einkünften der Herrschaft zugesichert. Bis zum Jahre 1523 blieb Paumgartner Inhaber der Pflege, dann übernahm sie Ferdinands I. Günstling Gabriel Salamanca, dem Ferdinand 8500 fl darauf verschrieben hatte[3]).

Seit 1504 besass Hans Paumgartner das Dorf Türkheim in der zu Bayern gehörigen Herrschaft Schwabeck. Er hatte dem Herzog Albrecht IV. 2800 fl geliehen, wofür ihm dieses Dorf verpfändet worden war. Im Jahre 1529 kaufte Herzog Wilhelm die Besitzung wieder zurück[4]). Auch die Herrschaft Pähl, die Paumgartner und Jörg Wieland im Jahre 1505 von Herzog Albrecht IV. von Bayern um 18 000 fl gekauft hatten, wurde von Bayern noch zu Hans Paumgartners d. Ae. Lebzeiten wieder zurückerworben[5]). Dagegen erwarb Paumgartner mehrere Güter, die den Grundstock des späteren Güterbestandes der Familie bildeten. Im Jahre 1507 kaufte er von Wilhelm Ulstatt einige Höfe zu Weringen, Anried und Döpshofen um 1174 fl und löste ausserdem eine auf diesen Gütern lastende Schuld von 1000 fl ab[6]). Im Jahre 1511 gingen zwei Höfe und drei Sölden zu Steppach aus dem Besitz des bekannten

---

[1]) J. Ladurner: Veste und Herrschaft Ehrenberg (Ztschr. des Ferdinandeums f. Tirol u. Vorarlberg 3. Folge Bd. 15 S. 5 ff. bes. S. 109).

[2]) Innsbruck, Statthaltereiarchiv: Cop. I. Ser. Missiv (1502) fol. 105.

[3]) Ladurner a. a. O. S. 110.

[4]) Lori: Geschichte des Lechrains 2. Bd. Urk. Nr. 271 (S. 272).

[5]) München, Reichsarchiv: Gerichtsurkunden von Weilheim Fasz. 5.

[6]) München, Reichsarchiv: Familienkodex f. 6 b, 7 a.

Augsburger Kaufherrn Philipp Adler um 671½ fl an ihn über[1]). In Augsburg selbst bewohnte Hans Paumgartner ein stattliches Haus in der Annastrasse, das er 1492/93 von Franz Riglers Erben erstanden hatte[2]). —

In dem glänzenden Leben der Reichsstadt, die Kaiser Maximilians Lieblingsaufenthalt war, spielte unser Kaufherr gewiss eine grosse Rolle. Gerade die Unternehmungslust und der Wagemut ihrer Bürger hatte ja die Stadt auf die Höhe geführt, so dass man in aller Welt ihren Reichtum und ihre Pracht rühmte. An der Leitung des Gemeinwesens und an den Regierungsgeschäften beteiligte sich Hans Paumgartner ebensowenig wie Jacob Fugger. Wie dieser, gehörte er nur als Zwölfer der Kaufmannszunft dem grossen Rate an[3]). Sein Einfluss auf die städtischen Geschäfte war aber deswegen doch nicht gering. Nicht selten übertrug man dem beim Kaiser hochgeschätzten Kaufherrn wichtige Missionen. Im Jahre 1506 ging er an den kaiserlichen Hof, um Maximilian beim Tode Philipps von Kastilien († 25. September 1506) das Beileid der Stadt auszudrücken[4]). Ebenso wurde er mit Jörg Langenmantel und Jörg Vetter als Vertreter der Stadt im Jahre 1508 zur „Besingnis" Herzog Albrechts geschickt[5]). Wiederholt weilte er zusammen mit Konrad Peutinger bei Maximilian, um mit diesem über städtische Angelegenheiten zu verhandeln, so besonders im Jahre 1513, um für die Aufhebung der Strassensperre nach Venedig zu wirken, die den Handel und Verkehr mit dieser Stadt fast zum Stillstand gebracht hatte[6]).

Die gesellschaftliche Stellung Paumgartners in Augsburg war durch die mannigfach angeknüpften Familienverbindungen eine glänzende geworden. Man hat nicht mit Unrecht von einer Heiratspolitik gesprochen, die von den reichen Kaufherrn befolgt wurde. Vermögen sollte zu Vermögen kommen, das

---

1) München, Reichsarchiv: Familienkodex f. 6b, 10a.

2) Steuerbuch 1492 fol. 28c u. 1493 fol. 30d. Das Haus stand an der Stelle, wo sich jetzt die Geschäftsräume der Firma Lotzbeck & Co. befinden (Annastrasse D 225).

3) Augsburg, Stadtarchiv: im Zunftbuch der Kaufleute ist er von 1505 bis 1516 als Zwölfer genannt.

4) Augsburg, Stadtarchiv: Baumeisterbuch 1506.

5) Ebenda: 1508 S. 34 und Litteraliensammlung 23. Januar 1508.

6) Ebenda: Baumeisterbuch 1513 an mehreren Stellen, z. B. S. 37 u. Lit. S. 18. 24. 26. Juli 1513.

war der Grundsatz in jenen Handelsfamilien. Auch Hans Paumgartner huldigte ihm in so ausgesprochenem Masse, dass er deshalb sogar einmal mit der Augsburger „jeunesse dorée“ in Konflikt geriet, die ihm auf recht handgreifliche Weise zu erkennen gab, dass die Augsburger reichen Kaufmannstöchter in erster Linie für sie bestimmt seien. Paumgartner hatte nämlich zwischen seinem Nürnberger Vetter Sebald und der Tochter des sehr reichen Baltasar Wolf im Jahre 1494 eine Heirat zustande gebracht[1]). Darüber erbost, rächten sich die eifersüchtigen jungen Patrizier an dem Heiratsstifter, indem sie ihm, als er einst aus der Annakirche nach Haus ging, auflauerten und ihm im nahen Stadtbrunnen eine kalte Dusche zuteil werden liessen[2]). Hans Paumgartners eigene sechs Töchter waren fast alle mit angesehenen Patriziern oder Kaufleuten vermählt. Jede bekam ausser einer „ziemlichen“ Aussteuer 4000 fl in Gold als Heiratsgut mit in die Ehe[3]). Und noch ein zweites Mal zeigte sich Paumgartner als kluger Heiratsstifter, als er am 12. März 1512 mit Jacob Fugger die Vermählung seines Sohnes Hans mit dessen Nichte Regina verabredete. Am 28. Juli 1512 hielt dann Hans Paumgartner d. J. Hochzeit mit Georg Fuggers Tochter[4]). Dieser Tag bedeutete wohl den Höhepunkt in Paumgartners d. Ae. Leben, da es ihm gelungen war, seine Familie durch verwandtschaftliche Bande mit dem angesehensten Handelshaus Europas zu verknüpfen. Damals hat ihn Hans Burgkmair porträtiert. Der Holzschnitt, ein prächtiges Kunstwerk, zeigt uns Paumgartners Züge an der Schwelle des Greisenalters. Der mit kostbaren

---

[1]) Sebald Paumgartner, ein Sohn Michael Paumgartners (der ein Bruder Antons war), siedelte dann nach Augsburg über. Baltasar Wolf gehörte zu den reichsten Augsburgern. Seine Witwe zahlte im Jahre 1498 dieselbe Steuer wie Hans Paumgartner, nämlich 114 fl (Strieder a. a. O. S. 19).

[2]) Pirmin Gasser: Annales ad. a. 1494, bei Menken: Scriptores rerum Germanicarum I. Sp. 1719.

[3]) Paumgartnerscher Familienkodex im Reichsarchiv Bl. 2, wo auch angegeben ist, mit wem sich die Töchter vermählten: Anna mit Simon Imhof von Nürnberg, Sabina mit Wolfgang Rudolf (i. J. 1512), Felizitas mit Anton Welser, Bürgermeister (i. J. 1514), Regina mit Marx Ehem (i. J. 1517), Monica mit Leonhard Imhof (i. J. 1520), Helena mit Conrad Rott v. Ulm (i. J. 1527). Die beigefügten Jahreszahlen nach Warnecke: Hochzeitsbuch.

[4]) Warnecke: Hochzeitsbuch S. 23.

Pelzen verbrämte Mantel bringt uns den Reichtum des Dargestellten zum Bewusstsein[1]).

Wenn das Vermögen ein Gradmesser ist für die Tüchtigkeit eines Kaufmanns, dann müssen wir Hans Paumgartners Erfolge bewundern. Von Jahr zu Jahr erhöht sich seine Steuersumme. Während er 1498 noch mit 114 fl eingeschätzt ist, zahlte er 1510 bereits 346 fl, 1516 425 fl. Im zuletzt genannten Jahr ist dann auch schon sein Sohn mit 173 fl verzeichnet[2]). Jedenfalls gehörten die Paumgartner Vater und Sohn damals schon zu den allerreichsten Bürgern. Reicher waren wohl nur die Fugger und Höchstetter.

In seinem Testament konnte Hans Paumgartner seinen Kindern daher eine ansehnliche Erbschaft zur Verteilung hinterlassen. Jede seiner sechs Töchter bzw. deren Kinder erhielten 14 500 fl. Der Sohn berechnet sein Erbteil (abgesehen von den Häusern und liegenden Gütern) auf 51 000 fl[3]).

Noch mehr als ein Jahrzehnt lebte Hans Paumgartner d. Ae., nachdem er sich von den Geschäften zurückgezogen hatte. Ein schöner Lebensabend war ihm beschieden, währenddessen er mit Befriedigung auf das von ihm Geschaffene zurückblicken konnte und zugleich den Glanz seines Hauses unter seines Sohnes Leitung weiter wachsen sah. Zwischen 10. September und Oktober 1527 starb er[4]), fast siebzigjährig — der Sohn jenes Anton, der 1475 im Elend gestorben war.

---

[1]) Eine Reproduktion des Holzschnittes, „von den so sehr geschätzten Helldunkelblättern eines der schönsten", findet sich in der Kunstgeschichte von Knackfuss Bd. 2 S. 586 und bei Friedr. Lippmann: Engravings and Woodcuts by old masters sec. XV—XIX Part II (1891) Taf. 38.

[2]) Augsburger Steuerbücher der betreffenden Jahre.

[3]) Familienkodex Bl. 2.

[4]) Am 10. September 1527 wird seiner nochmals in den Tiroler Kopialbüchern gedacht.

Zweites Kapitel.

Die Zeit der Blüte.
Hans Paumgartner der Jüngere (c. 1490—1549).

a) Hans Paumgartners d. J. Anfänge bis zur selbständigen Uebernahme des Geschäfts.

Hans Paumgartner d. J.[1]), des Aelteren einziger Sohn, wurde zwischen 1487 und 1491 in Augsburg geboren[2]). Ueber seine Jugendzeit sind wir wenig unterrichtet. Wir werden jedoch nicht fehlgehen mit der Annahme, dass ihm sein Vater eine gründliche kaufmännische Ausbildung zuteil werden liess. Auf den hohen Schulen der Kaufmannschaft in Venedig und in den Niederlanden wird er eingeweiht worden sein in die Geheimnisse des Handels und der Geldgeschäfte. Vielleicht hat er sich auch auf einer Universität einige gelehrte Kenntnisse angeeignet, da später seine Gelehrsamkeit, besonders sein juristisches Wissen, viel gepriesen wird. Nach Beendigung der Lehr- und Wanderjahre pflegte der vornehme junge Kaufmann jener Tage in die Heimat zurückzukehren, wo dann eine reiche Heirat gewöhnlich die Jugendperiode zum Abschluss brachte. Für unsern Hans hatte sein Vater, wie wir bereits wissen, eine besonders glänzende Partie ausersehen. Nachdem Jacob Fugger seine Zustimmung gegeben, durfte Hans Paumgartner am 28. Juli 1512 Georg Fuggers Tochter Regina als seine Gattin heimführen. Die Verbindung mit dieser gewiss viel umworbenen „Fuggerin" brachte dem jungen Paumgartner nicht nur ein ansehnliches Vermögen, sondern auch bedeutende geschäftliche Vorteile[3]).

---

[1]) Eine populäre Biographie Hans Paumgartners gibt Paul v. Stetten d. J. in seinen „Lebensbeschreibungen zur Erweckung und Unterhaltung bürgerlicher Tugend". 1. Bd. (Augsburg 1782) S. 171—208.

[2]) Seine Schwester Anna war älter als er. Da ferner Hans Paumgartners d. Ae. viertes Kind Felizitas um 1494 geboren wurde (Dan. Prasch: Epitaphia Augustana, Augsbg. 1624 I S. 290), so ergibt sich für Hans Paumgartner d. J. ungefähr die oben angegebene Geburtszeit.

[3]) Regina Fugger, geb. 7. Nov. 1499, war Georg Fuggers († 1506) und der Regina Imhof Tochter, also eine Schwester Anton Fuggers. Sie zahlte in Augsburg seit ihres Vaters Tod eine Steuer von jährl. 70 fl. Nach einem am 4. April 1519 abgeschlossenen Ehevertrag hatte sie ihrem

Die gefährlichsten Rivalen und Konkurrenten waren nun durch nahe verwandtschaftliche Verbindung gewonnen. Anton Fugger, der bestimmt war, in der nächsten Generation an die Spitze des Fuggerschen Geschäftes zu treten, war jetzt Hans Paumgartners d. J. Schwager geworden und von dem gegenwärtigen Leiter der Fuggerhandlung, Jakob dem Reichen, besagt eine Notiz, dass er seinen jungen Verwandten „fast" lieb gehabt haben soll[1]).

Hans Paumgartner war nach seiner Verheiratung im väterlichen Geschäft tätig und stand dem Vater zur Seite. Dieser zog sich dann — nahe dem sechzigsten Lebensjahr — mehr und mehr zurück. Der damalige weltumspannende Handel erforderte jüngere Kräfte. Am 12. November 1515 gab der Vater dem Sohn „alle Gewalt, mit Hab, Gütern und Geld zu handeln und zu hantieren nach seinem Ermessen". Seitdem finden wir auch tatsächlich Hans d. J. in Urkunden und Verträgen als Inhaber der Firma genannt, obwohl er zunächst noch unter väterlicher Oberaufsicht die Geschäfte erledigte[2]). Als im Oktober 1515 der kaiserliche Rat Blasius Hölzl in Augsburg weilte und mit den Kaufleuten wegen eines Anlehens verhandelte, zog Hans Paumgartner zu den Beratungen neben seinem Teilhaber Lucas Gassner auch seinen Sohn bei. Da damals den Fuggern auf lange Zeit hinaus alles Silber verschrieben war, und diese nichts abtreten wollten, so konnte trotz mehrtägiger Verhandlungen kein Silbervertrag mit den Paumgartnern abgeschlossen werden[3]). Im Jahre 1516, als Maximilian gegen Venedig im Felde lag, gab Paumgartner zu Verpflegung der Kriegsknechte zusammen mit Hans Auslasser

---

Gatten 6000 fl mit in die Ehe gebracht. Hans Paumgartner d. J. zahlte seit 1512 in Augsburg Steuer und zwar zunächst jährl. 100 fl. (Nach den Steuerbüchern.) Er wohnte auch nach seiner Vermählung bei seinem Vater in der Annastrasse und zwar bis zu dessen Tod in einem Rückgebäude („in der hinteren Behausung").

[1]) Innsbruck, Statthaltereiarchiv: Max. XII. 40 Nr. 70. „fast" natürlich gleich „sehr".

[2]) Diese und die weiter unten (S. 48) zu erwähnenden Notizen über die Geschäftsübergabe entnehme ich einer Aufzeichnung des früheren Augsbg. Stadtarchivars Herberger, dem Hans Paumgartners d. Ae. Testament vorlag. Es ist mir nicht gelungen, das letztere, das sich im Augsburger Stadtarchiv befinden soll, aufzufinden.

[3]) Innsbruck, Statthaltereiarchiv: Max. XII. 40 Nr. 70.

und ebenso die Manlich grössere Summen und Waren. Am 9. September 1516 hat ihm dann der Kaiser dafür 5000 *M* Silber (à 8 fl 27 kr) verkauft[1]). Auf grössere Darlehen liess sich jedoch Paumgartner nicht ein, da ihm Maximilian noch eine Summe für Formschneiden schuldig war[2]). Wahrscheinlich hatte Paumgartner Zahlungen an einige Augsburger Künstler wie Burgkmair, Amberger u. a. gemacht, die bekanntlich für den Kaiser arbeiteten.

Bei der argen, von Jansen bereits geschilderten Zerrüttung der Finanzen blieb schliesslich, da die Metalle den Fuggern verschrieben waren, nichts übrig, als andere Einnahmequellen Tirols zu verpfänden. Hier tritt im Jahre 1517 auch Hans Paumgartner d. Ae. nochmals als Geldgeber auf. Nachdem am 1. Januar die Fugger zur Abfertigung des Kriegsvolks in Verona um 18 000 fl angesprochen worden waren, liehen am 17. Januar Anton Welser 4000 fl, Hans Paumgartner d. Ae. 3000, Lucas Gassner 2000, Philipp Adler 7500 und Jacob Villinger 2000 fl. Sie alle wurden damit auf das Pfannhaus zu Hall, also den Salzertrag, verwiesen[3]). Im Februar des gleichen Jahres erklärte sich Hans Paumgartner d. J. bereit, der Regierung 6000 fl auf drei Monate zu leihen. Dieses Anerbieten wurde mit Dank am 25. Februar angenommen und Paumgartner in Aussicht gestellt, man werde ihn bei künftigen Silber- und Kupferkäufen besonders berücksichtigen[4]). Am 6. März bat die Kammer dann den Kaufmann, er möge das Geld hereinschicken. Da man genötigt gewesen wäre, zur Zurückzahlung der 6000 fl bei den Fuggern Geld aufzunehmen, so liess sich Paumgartner am 1. September dazu herbei, mit seinen 6000 fl noch stillzustehen und dazu weiter noch 2000 fl bar und für 2000 fl Seidenwaren darzustrecken. Die ganze Summe (10 000 fl) sollte ihm nächste Lichtmess mit 200 fl Zins zurückbezahlt werden[5]). Auffallend ist die Zuvorkommenheit, die der junge Paumgartner hier der Tiroler Finanzbehörde gegenüber zeigt. Er ging dabei gewiss von dem Gedanken aus, dass man be-

---

[1]) Innsbruck, Statthaltereiarchiv: Missiven (1516) fol. 408.

[2]) Jansen: Jacob Fugger d. R. S. 117.

[3]) Innsbruck, Statthaltereiarchiv: Entbieten u. Befehl (1517) fol. 55.

[4]) Ebenda: Gemain Missiven (1517) fol. 131 u. 140.

[5]) Ebenda fol. 68.

sonders anfangs sich etwas nachgiebiger verhalten müsse, um sich die Regierung für spätere Geschäfte geneigt zu machen.

Maximilians I. Lebenszeit nahte sich ihrem Ende[1]. Auf seinem letzten Reichstag zu Augsburg im Herbst 1518 betrieb der Kaiser die Wahl seines Enkels Karl zu seinem Nachfolger. Die Rolle, die das Fuggersche Geld bei diesen Verhandlungen spielte, ist bekannt. Auch Paumgartner durfte mit seinem Kapital Karl zur Krone verhelfen. Er lieh Maximilian I. 10 000 fl zu „Unterhaltung" auf dem Reichstag. Die Summe ist eingetragen in einer von Greiff edierten Abrechnung „Was Kayser Carolus dem V^{ten} die Römisch Küniglich Wal cost im 1520. Jar."[2]) Sie ist klein im Verhältnis zu den Fuggerschen Aufwendungen für diesen Zweck. Indirekt war Hans Paumgartner auch vermutlich stärker beteiligt. In jenem bekannten stolzen Brief, den Jacob Fugger im Jahre 1523 an Karl V. schrieb, und in dem er den Kaiser um Rückzahlung der für die Wahlkosten vorgestreckten Gelder bittet, sagt er ja ausdrücklich „dann ich warlich von solchem aufgebrachten geld selbst Interesse zahlen muost"[3]). Sollte hierbei Fugger nicht auch das Kapital seines Schwagers Hans Paumgartner herangezogen haben?

In den Jahren 1515 bis 1520 hatte der junge Paumgartner noch unter seines Vaters Oberleitung gestanden. Er legte diesem am 26. März und am 20. Dezember 1517 sowie nochmals am 7. Mai 1520 Rechenschaft ab, wobei der Vater alles in bester Ordnung fand. Am 7. November 1520 übergab er dem Sohn alle Geschäfte. Dieser sollte doppelt so viel erben als eine der Töchter. Verschwiegenheit über geschäftliche Dinge

---

[1]) Wie bedeutungsvoll gerade die Regierung Maximilians I. für die Augsburger Kaufleute war, geht aus ff. Stelle bei dem Chronisten Wilhelm Rem hervor (Chron. d. deutschen Städte XXV S. 101): „Der kaiser was den von Augspurg günstig und besunderlich den burgern. es waren vil kauffleut hie, die handleten mit ihm; wan er gelt dorft, so lichen sie im gros gutt auff die silber und kupfer zu Schwotz. dieselben kafleut gewunen vil gelt an im, dan er was frum und hielt in die keff redlich. so kunden die kaffleut wol scheren."

[2]) Deutsche Reichstagsakten. Jüngere Reihe Bd. 1 S. 117. Greiffs Veröffentlichung findet sich im Jahresbericht des Hist. Ver. f. Schwaben u. Neuburg Bd. XXXIV (1868) S. 9 ff.

[3]) Dieser berühmte Brief ist öfter gedruckt, so zuletzt bei Jansen: Jacob Fugger der Reiche S. 249 f.

schärfte er ihm besonders ein. Da er (der Vater) mit vielen Leuten, hauptsächlich auch mit Maximilian, viel und mancherlei gehandelt und solches in seine Bücher geschrieben, auch darüber allerlei Quittungen und Rechnungen aufgerichtet habe, so solle der Sohn, der jetzt das Geschäft in allen Teilen übernehme, niemand in diese Bücher Einsicht gestatten[1]).

Wie im Reich, so trat jetzt auch — wenn man Kleines mit Grossem vergleichen darf — in der Firma Paumgartner ein neuer Herr an die Spitze. Mit der Regierung Karls V. bzw. seines Bruders Ferdinand beginnt eine noch stärkere Heranziehung der Paumgartner zu Anleihen. Die mehr und mehr wachsenden Aufgaben in allen Teilen des weitausgedehnten Reichs stellten auch an die Finanzkräfte der Herrscher immer höhere Forderungen[2]). Bei der noch wenig durchgebildeten Organisation des Steuerwesens musste die Regierung immer wieder ihre Zuflucht zu den Kaufherrn nehmen, die allein im Besitz grosser Kapitalien waren. Zu den bekanntesten Vertretern dieser Hochfinanz gehörte jetzt auch schon unser Hans Paumgartner d. J., dessen Beziehungen zu Karl V. und Ferdinand I. wir nun zunächst näher betrachten wollen.

b) Hans Paumgartners Finanzgeschäfte mit den Habsburgern und seine Bergwerksunternehmungen.

Mit einem grossen Geldgeschäft setzen Paumgartners Beziehungen zu Karl V. ein, der auch die Tiroler Bergwerke seiner Politik dienstbar machte. Am 6. Dezember 1519 lieh der Kaufherr dem Kaiser 40 000 fl und wurde dafür auf Tiroler Silber verwiesen. Die Rückzahlung begann erst 1521 in der Weise, dass Paumgartner von dem in seinen Gruben gewonnenen Silber von jeder Mark 45 kr zurückbehielt und ausserdem noch

[1]) Vgl. dazu das oben S. 46 Anm. 2 Gesagte.

[2]) Wertvolle Beiträge zu einer Geschichte der österreichischen Staatsschulden liefert: Otto Thorsch: Materialien zu einer Geschichte der österreichischen Staatsschulden vor dem 18. Jahrhundert. Leipziger Inauguraldissertation. Greifswald 1891. Die in den Text eingeschobenen Tabellen lassen den hervorragenden Anteil der Augsburger Kaufleute, nicht nur der Fugger, deutlich erkennen. Auch die Paumgartner sind häufig vertreten.

alle Quatember 2000 fl bar empfing[1]). Das Geld brauchte der Kaiser zu Rüstungen gegen Ulrich von Württemberg, der, bekanntlich damals in die Reichsacht erklärt, Unruhen verursachte, die ihn schliesslich um sein Land brachten.

Am 15. Mai 1520 zahlte Paumgartner an die Regierung zu Innsbruck 6000 fl in Sonnencronen, die zu einer Bezahlung an die Schweiz benötigt wurden. Er erhielt dafür 1200 ℳ Silber aus seiner eigenen Schmelzhütte (monatlich 175 ℳ), aber erst, wenn er für zwei frühere Beträge von 8000 fl befriedigt worden wäre[2]). Aus besonderen Gründen, die ich aber nicht anzugeben vermag, schob Hans Paumgartner in einem Vertrag vom 8. März 1521 seine beiden Söhne (die damals erst zwischen vier und acht Jahre alt waren) vor. Ihnen verschrieb der Kaiser damals für ein Darlehen von 20 000 fl 10 000 ℳ Silber[3]). Erst fünf Jahre später, als die Tiroler Regierung die Hüttwerke von den Fuggern wieder zurückbekam, konnte diese Silberlieferung beginnen, die dann im November 1527 ihren Abschluss fand.

Die Aufnahme von Geldern bei den Paumgartnern verlor jetzt immer mehr den Charakter einmaliger ausserordentlicher Forderungen. Wie die Fugger, so war auch unser Kaufherr zum ständigen Hofbankier geworden, an den man jeden Augenblick mit neuen Bitten um Darlehen herantrat[4]). Fast alljährlich, ja oft mehrmals im Jahre, sandte die Regierung in Innsbruck einen der Räte mit einer „Credenz" oder Instruktion nach Augsburg, um bei den Kaufleuten wegen Geldaufnahme anzuklopfen. Paumgartner war neben den Fuggern immer einer der ersten, an den man sich wandte. So weilte im Juli 1521 Christof Fuchs von Fuchsberg in Augsburg, um im Namen des Regiments und der Kammer für Karl V. 6000 fl bei Paumgartner zu erlangen. Falls er abschlagen würde, sollte Fuchs mit den Höchstettern verhandeln[5]). Etwas

---

[1]) Innsbruck, Statthaltereiarchiv: Gemain Missiven (1521) f. 155.

[2]) Ebenda. Missiven und Befehl (1520) f. 180, 199.

[3]) Ebenda. Entbieten und Befehl (1526) f. 177.

[4]) Daneben sind auch die Höchstetter, Herwart und Bimmel dauernd Geldgeber der Habsburger. Gerade die Tiroler Kopialbücher bieten für die Geschichte der Augsburger Handelsfamilien eine Fülle von Material, das bisher noch wenig beachtet wurde, soweit die Zeit nach 1525 in Betracht kommt.

[5]) Die „Instruktion und Memorial Herr Christof Fuchsen

später folgte Blasius Hölzl ebenfalls Finanzgeschäfte halber nach Augsburg dem von Fuchsberg nach. Das Resultat ihrer Mission war, dass Hans Paumgartner am 3. September 12 000 fl darlieh[1]).

Im Juli 1522 rechnete die Regierung mit Paumgartner ab. Es zeigte sich, dass er mit Einschluss der zuletzt vorgestreckten 12 000 fl und eines Postens von 864 fl 19 kr für Seidenwaren im ganzen noch 22 014 fl 19 kr (zum Teil noch von den 1519 dargeliehenen 40 000 fl herrührend) zu erhalten hatte. Er wurde am 26. Juli auf die Einnahme aus dem Pfannhaus zu Hall verwiesen[2]).

Kurz zuvor (7. Februar 1522) war in Brüssel zwischen Karl V. und Ferdinand I. die Teilung der habsburgischen Lande zustande gekommen, in der letzterem auch Tirol zugefallen war. Er trug nun auch die Verantwortung für die Verwendung der reichen Metallschätze dieses Landes und es konnte nicht ausbleiben, dass sich anfangs deshalb manche Kompetenzstreitigkeiten ergaben. So hatte Hans Paumgartner im Herbst 1522 Karl V. wieder 24 000 fl dargestreckt. Da er trotz seines wiederholten Ersuchens für diese Summe längere Zeit keine Verschreibung erhielt, wandte er sich an Ferdinand. Dieser weigerte sich jedoch, die Schuld seines Bruders anzunehmen[3]). Als er sich an die Räte in Innsbruck um Aufschluss über die Verwendung des Geldes wandte, wurde ihm die Antwort, dass dasselbe dem Kammermeister übergeben worden sei, der darüber Rechenschaft abzulegen habe. Weder zu Herzog Sigismunds noch zu Maximilians I. Zeit seien die Räte verpflichtet gewesen, Rechnung abzulegen. Ferdinand gab sich mit dieser Antwort noch keineswegs zufrieden, sondern schrieb am 29. November von Nürnberg aus nach Innsbruck zurück, dass er die Kammer deshalb um Rechenschaft gebeten

---

von Fuchsperg Ritters, römisch kaiserlicher Majestät Rat. 6000 fl vinantzen" steht Entbieten u. Befehl (1521) f. 478. Gewöhnlich schrieb die Tiroler Kammer, wenn sie einen solchen Gesandten nach Augsburg schickte, gleichzeitig an die Kaufleute und bat sie, sie möchten den Boten günstig aufnehmen und sich seinem Anliegen willfährig zeigen.

[1]) Entbieten u. Befehl (1521) fol. 302 u. (1522) fol. 403.

[2]) Entbieten u. Befehl (1522) fol. 403.

[3]) Schreiben Ferdinands I. an das Regiment in Innsbruck aus Nürnberg: Missiv u. Befehl von Hof (1520—1522) fol. 338.

habe, weil sie den Vertrag zustande gebracht, er erklärte sich dann aber damit einverstanden, dass Paumgartner auf das Pfannhaus verwiesen werde. Sobald jedoch das Silber wieder frei sei, solle Paumgartner den Rest aus seinem Hüttwerk erhalten. Als dies im Oktober 1523 eintrat, hatte Paumgartner von den 24 000 fl noch 16 801 fl zu empfangen[1]). Der Münzmeister wurde angewiesen, den Kaufmann von dem Silber, das er mache, und in die Münze liefere, 45 kr von jeder Mark zurückbehalten zu lassen.

Die Jahre 1524 bis 1526 stellten infolge der Bauernunruhen und der gleichzeitigen Kriege Karls V. in Italien grosse Forderungen an die Tiroler Finanzen, mit deren Mitteln Karl und Ferdinand indirekt durch die Augsburger Kaufherrn ihre Kriege führten. Nicht mit Unrecht behauptet ein Geschichtsschreiber Tirols, dass der Bauernkrieg, die Türken- und Franzosenkriege die Hilfsmittel Tirols erschöpften und es aus einem der zahlungsfähigsten zum ärmsten der Erblande machten[2]). Gerade der reiche Ertrag der Bergwerke wurde dem Lande, wie wir noch sehen werden, zum Unsegen, da man diese Quelle für unversiegbar hielt. Immer neue Geldaufnahmen machte man auf die Edelmetalle und erschöpfte damit vorzeitig den Reichtum der Gruben. Am 27. Februar 1524 teilte Gabriel Salamanca, Ferdinands allmächtiger Generalschatzmeister, der Tiroler Regierung mit, dass Hans Paumgartner 20 000 fl dargestreckt, einige Monate später (10. Mai) berichtet Ferdinand von Horb aus, dass man bei dem genannten Augsburger Kaufmann ausserdem noch 19 998 fl 32 kr ½ f aufgenommen habe[3]). Beide Summen wurden auf den Silberwechsel verwiesen. Angesichts dieser Verpflichtungen und der unerquicklichen Zustände des Landes[4]) konnte die Regierung bald ihren Zahlungen nicht mehr nachkommen, zumal auch die Unruhen, „so sich an vielen Orten durch den gemeinen Mann erzeigten", grösseren

---

[1]) Missiv und Befehl von Hof (1520 bis 1522) fol. 341.

[2]) Jos. Egger: Geschichte Tirols von den ältesten Zeiten bis in die Neuzeit Bd. II (Innsbruck 1876) S. 152 u. ö.

[3]) Geschäft v. Hof (1524) fol. 180.

[4]) Besonders Ferdinands I. Günstling, der Spanier Gabriel Salamanca, Graf zu Ortenburg, Freiherr zu Freienstein, der in Tirol wie ein Fürst gebot, war den Einheimischen verhasst. Vgl. Egger a. a. O. S. 86 ff.

Umfang annahmen[1]). Die Räte trugen Ferdinand ihre Not vor und erhielten den Rat, mit Höchstetter und Paumgartner über ein Anlehen von 20 000 fl auf Taufrer Kupfer zu handeln. Die Kaufleute, die in solchen unruhigen Zeiten ihr Geld zusammenhielten, gewährten aber nur wenig, so Paumgartner 3000 und Fugger 6000 fl[2]). Die Rückzahlung der Darlehen wurde immer schwieriger. So hatten sich die Schulden, die Ferdinand bei Paumgartner hatte, bis Ende 1524 auf 75 000 fl aufgelaufen, worunter noch Posten aus Maximilians I. Zeit waren[3]).

Im eigentlichen Sturmjahr 1525 selbst hielten die Kaufleute erst recht ihre Taschen zu. Trotzdem die Regierung die Räte Blasius Hölzl und Hans Löble nach Augsburg schickte, „da die Kammer eine eilende Hilf brauche", waren bei Paumgartner nur 5000 fl (3000 im Juli und 2000 am 12. August) zu erlangen[4]).

Um so grösser war die Erschöpfung der Tiroler Finanzen dann im Jahre 1526, nachdem die Hauptgefahr vorüber war. Obwohl er noch 45 000 ℳ Silber zu empfangen hatte, liess sich Paumgartner am 20. Februar doch herbei, 20 000 fl darzuleihen. Es wird ihm dafür bewilligt, dass er mit dem Empfang der genannten 45 000 ℳ sofort beginnen solle und auch die 20 000 fl vom Wechselgeld des Schwazer Silbers zurückerhalte. Da Paumgartner die Hälfte der ihm zustehenden 45 000 ℳ zum Vermünzen nach Hall gab, erhielt er dort für jede Mark 10 fl 45 kr[5]). Von den obenerwähnten 20 000 fl beanspruchte Ferdinand sogleich 3200 fl für sich, um die Kosten seines „Aufbruchs" von Augsburg zum Reichstag nach Speyer zu begleichen. Am 17. März lieh dann Paumgartner ausserdem noch 6000 fl[6]). In eindringlichen Vorstellungen wandte sich

---

[1]) Ferdinand I. an die Räte der oberösterr. Kammer: Geschäft v. Hof (1524) fol. 236.

[2]) Gemain Missiven (1524) fol. 188.

[3]) Karl Oberleitner: Oesterreichs Finanzen u. Kriegswesen unter Ferdinand I. (in: Archiv f. Kunde österreichischer Geschichtsquellen XXII S. 17 ff. Oberleitner berechnet die Ausgaben der österr. Regierung für den Bauernkrieg auf 226 812 fl (S. 23).

[4]) Geschäft von Hof fol. 51 u. 61.

[5]) Entbieten u. Befehl fol. 47. Genannte Summe war also wohl damals der Marktpreis des Silbers.

[6]) Geschäft von Hof (1526) fol. 48.

anfangs Juni die Kammer an Ferdinand und schilderte den traurigen Zustand der Finanzen[1]). Die Bauernunruhen dauerten zum Teil im Pinzgau und bei Brixen noch fort. Den Knechten an der Etsch war man am 19. Mai 1526 bereits einen halben Monatssold (5000 fl) schuldig. Zott, der in Augsburg weilte, um Geld aufzunehmen, richtete nur wenig aus. Die Räte fürchteten, wenn nicht bald Hilfe komme, dass „grosses Geschrei und Gerücht und ander Nachteil im römischen Reich und bei anderen Leuten" entstehen möchte. Gabriel Salamanca, Graf von Ortenburg, erlangte schliesslich bei den Fuggern 40 000 fl und bei Paumgartner 9000 fl, dem letzteren wurde sein Darlehen auf das Hilfsgeld in der Lausitz verwiesen[2]). Ferdinand genehmigte diese Verträge und riet, am 21. Juli mit Höchstetter und Bimmel weiter zu verhandeln[3]). Die zu diesem Zweck nach Augsburg gesandten Räte Georg von Frundsberg, Christof Fuchs und Hans Zott richteten dort aber wenig aus[4]).

Kaum waren die Aufstände beruhigt, so pochte im Osten der bei Mohacs siegreiche Türke stärker an die Pforten des Reichs. Ferdinand befand sich im Feldlager bei Ofen. Dort bestätigte er in einem Vertrag vom 18. August 1527, dass ihm die Höchstetter 7000 fl dargestreckt und sich auch für weitere 10 000 fl verbürgt hätten, die bei Hans Paumgartner aufgebracht wurden. Diese Summen wurden auf Taufrer Kupfer verschrieben und den beiden Kaufleuten ausserdem ein Silberkauf von 8000 *M* gewährt[5]). Im Laufe dieses Jahres waren bei

---

1) Missiv an Hof (1526) fol. 89.

2) Geschäft v. Hof (1526) fol. 373.

3) Entbieten u. Befehl (1526) fol. 153. Das Schreiben Ferdinands ist datiert: Speyer, 21. Juli 1526.

4) In diesen Zusammenhang gehört ein Brief Gg. v. Frundsbergs aus Augsburg v. 19. Sept. 1526. (Korrespondenz österr. Herrscher: Die Korrespondenz Ferdinands I. 1. Bd. Familienkorrespondenz in: Veröffentlichungen der Kommission f. neuere Geschichte Oesterreichs II S. 484/85. Anm.) Frundsberg schildert hier seine Bemühungen, bei den Kaufleuten Geld aufzubringen zur „röttung der erlichen Gesellen" in Mailand u. Cremona. Es handelte sich um ein Hilfsheer, das dann unter Frundsbergs Oberbefehl nach Italien zog. Die Gesandten der Tiroler Kammer versuchten bei Fugger, Welser, Höchstetter, Herwart, Paumgartner Geld aufzunehmen. Die Kaufleute entschuldigten sich aber mit früheren Darlehen und finanziellen Verlusten in Ungarn. (Jahr der Schlacht v. Mohacs!)

5) Original des Vertrags im Augsb. Stadtarchiv, Litter. S. 18. Aug. 1527.

Paumgartner auch schon weitere Darlehen aufgenommen worden, so am 5. April 3600 fl auf Klausner Erz verschrieben, und am 20. August zusammen mit den Fuggern 9000 fl, wofür ihnen 10 000 *M* Silber verkauft wurden. Das Hilfsgeld der Lausitz, auf das Paumgartner im Vorjahr für 9000 fl eine Anweisung erhalten hatte, ging sehr langsam ein, weshalb diese Anweisung jetzt zurückgenommen und dem Kaufmann dafür 7000 *M* Silber gewährt wurden. Doch sollte er diese erst 1534 empfangen.

Am 10. Oktober 1527 wurden der Tiroler Kanzler Dr. Hieronymus Baldung und Hans Auslasser mit einer Instruktion zu den Fuggern, Paumgartner, Herwart-Bimmel und Manlich nach Augsburg geschickt[1]). Die Finanznot der Kammer war so gross, dass sie mit Müh' und Not einen Botenlohn aufbrachte. Doch die Kaufleute halfen immer wieder. Fugger und Paumgartner zahlten für Unterhaltung der Landsknechte 2600 fl, Paumgartner allein ausserdem noch 8000 fl, wofür ihm die Einkünfte aus dem Zoll am Lueg und bei Rattenberg verschrieben wurden, und er ferner noch 5333⅓ *M* Silber erhielt[2]). Paumgartner wollte in den Vertrag die Bedingung aufgenommen wissen, dass er in Jahresfrist um weitere Darlehen nicht angegangen würde. Die Regierung liess ihm hierauf erklären, dass, wenn man kein Geld brauche, man ihn nicht belästigen würde, wenn es aber nötig sein sollte, so würden sich Wege finden, die ihm vielleicht nützlich sein könnten[3]).

Und in der Tat konnte den Kaufleuten kein grösserer Gefallen erwiesen werden, als dass sie um Geld angesprochen wurden. Mochte ihnen auch momentan einmal die Geduld reissen ob den ewigen Forderungen, so war doch Tirol für sie die beste Quelle des Gewinns. Nicht nur alles Silber gehörte immer auf Jahre hinaus ihnen, auch die anderen Einnahmen des Landes, das Pfannhaus, Zölle und Aemter waren ihnen zeitweise verschrieben. Gelegentlich kam es auch zwischen den Empfängern des Silbers zu Streitigkeiten, da bei der Menge gleichzeitig laufender Verträge Versehen nicht zu vermeiden waren. Besonders misslich war, dass Ferdinand selbst in Wien mit den Kaufleuten Geschäfte abschloss, wovon dann die Re-

---

[1]) Gemain Missiven (1527) fol. 504.
[2]) Entbieten u. Befehl (1527) fol. 66.
[3]) Gemain Missiven (1527) fol. 504.

gierung in Innsbruck, die inzwischen auch Geld aufgenommen hatte, erst nachträglich erfuhr. So beschwerten sich die Fugger häufig, dass auf Silber, das ihnen verschrieben war, auch andere Ansprüche machten. Im Jahre 1531 sollte Paumgartner die ihm für 9000 fl Darlehen zugestandenen 6000 ℳ Silber erhalten, und zwar jährlich 2000 ℳ. Nun waren aber bereits den Fuggern, Paumgartner und Bimmel zusammen für diese Jahre 19 200 ℳ zugesagt. Paumgartner musste sich daher schliesslich dazu verstehen, bis 1534 zu warten. Als Entschädigung gab man ihm dafür noch 1000 ℳ Silber mehr, also 7000 ℳ[1]).

Im Jahre 1529 verschwand eine der Firmen, die bisher in Tirol an der Seite der Fugger und Paumgartner gestanden, vom Schauplatz. Ambrosius Höchstetter musste damals seinen Bankrott erklären[2]), der wegen der Begleitumstände bekanntlich viel Aufsehen erregte. Paumgartner rettete vielleicht einen Teil der Guthaben, die er bei den Höchstettern hatte, dadurch, dass er alle Rechte und Gerechtigkeiten an jenen obenerwähnten 17 000 fl übernahm, um die er zugleich mit den Höchstettern auf Taufrer Kupfer verschrieben worden war[3]). An die Stelle der ausscheidenden Firma traten nun in Tirol zwei andere mehr hervor, die bisher nur gelegentlich erwähnt wurden, die Bimmel und Manlich.

Auch in Tirol selbst machte sich der bisher getriebene riesige Silberhandel immer mehr bemerkbar. Die Zeit von 1500 bis 1530 ist die Glanzperiode des Tiroler Bergbaues. Nur infolge einer fast unerschöpflich scheinenden Ergiebigkeit der Silbergruben waren die grossen Anlehen möglich gewesen, von

---

[1]) Die Tiroler Regierung war den Augsburger Kaufleuten völlig ausgeliefert. Sie bemüht sich stets, diese bei gutem Willen zu erhalten und wagt nur höchst selten mit ihnen in ernsterem Ton zu reden aus Furcht, die Kaufleute möchten sich ihren Bitten um Geld verschliessen.

[2]) Eine ausführliche Schilderung des Höchstetter-Konkurses gibt Clemens Sender in seiner Chronik (Chroniken der deutschen Städte Bd. 23 S. 219 ff.).

[3]) Geschäft v. Hof (1529) fol. 114. Ursache des Bankrotts waren einige Verluste an Waren, besonders aber die Verschwendung, die Ambrosi Höchstetters Sohn und sein Schwiegersohn trieben. Der letztere, Hans Franz Paumgartner, war Hans Paumgartners Neffe. Von ihm erzählt Sender a. a. O. S. 220/221: „Dann sein sun Joachim (Höchstetter) und sein tochtermann Frantz Baungartner haben auff ain nacht in ainem panget thüren laussen auffgan und verthon 5000 oder 10 000 fl und auff ain mall 10 000 oder 20 000 oder 30 000 fl verspillen."

denen die bei Paumgartner aufgenommenen ja nur einen kleinen Teil bilden. Bevor wir die weiteren Geldgeschäfte, die unsere Firma mit den Habsburgern machte, besprechen, wollen wir einen Blick werfen auf die Entwicklung des Tiroler Bergbaus und insbesondere die grossartigen Unternehmungen Hans Paumgartners auf diesem Gebiet ins Auge fassen.

Zu Ausgang des 15. Jahrhunderts und im ersten Jahrzehnt des 16. lag der Tiroler Bergbau noch ganz in den Händen einheimischer Gewerken[1]). Allmählich trat jedoch hierin ein Aenderung ein. Die schwäbischen Kaufleute erkannten nämlich, dass sie das Finanzwesen des Landes erst dann völlig beherrschen würden, wenn sie sich dort selbst festgesetzt und Bergwerksbesitzer geworden wären. Unabhängig von fremden Kräften konnten sie dann das Silber, das sie für ihre Darlehen erhielten, selbst zutage fördern und die Produktion steigern. Hans Paumgartner d. J. griff daher mit aller Energie hier ein und suchte Einfluss aut die Montanindustrie zu gewinnen. Wir erinnern uns, dass schon sein Vater einzelne Gruben besessen hatte. Als er selbständig geworden war, strebte der Sohn danach, diesen Besitz zu vergrössern. Seit dem Jahre 1518 begann er mit dem Ankauf von Bergwerken in grossem Massstab. Aus seinen darüber geführten Aufzeichnungen ergibt sich, dass er in den Jahren 1518 bis 1535 allein am Falkenstein für 44 497 fl 20 kr ½ f Grubenanteile kaufte (also für ca. eine halbe Million Mark nach jetzigem Geld)[2]). Dazu kamen noch kleinere Käufe an anderen Orten. Alle diese Erwerbungen geschahen auf Kosten der kleineren Gewerken, die sich mit ihren geringen Betriebskapitalien gegen die Augsburger Geldleute nicht behaupten konnten. Nicht selten kamen die Kaufleute auch dadurch in den Besitz von Bergwerken, dass sie den immer schwerer um ihre Existenz kämpfenden Gewerken Geld vorstreckten, und sich dafür ihre Gruben verschreiben liessen, die dann beim wirtschaftlichen Zusammenbruch der

---

[1]) Ueber den Tiroler Bergbau handelt: Max v. Wolfstrigl-Wolfskron: Die Tiroler Erzbergbaue 1301—1665, Innsbruck 1903.

[2]) Hans Paumgartner hat in dem schon mehrmals erwähnten Familienkodex über seine Bergwerksunternehmungen auf Bl. 334 a bis 369 a genaue Rechnung geführt und besonders seine Ankäufe genau verzeichnet mit Angabe des früheren Besitzers und Namens einer jeden einzelnen Grube.

Schuldner in den Besitz der Gläubiger übergingen[1]). Auf diese Weise kam allmählich fast der ganze Tiroler Bergbau in die Hände der Fugger, die seit 1522 Gruben besassen, der Paumgartner und Herwart. Von den einheimischen Familien konnten sich nur die Stöckl und Tänzl als Gewerken grösseren Stils neben den „Schwaben" behaupten. Dieser ganze Prozess, der fast den grössten Teil des Bergwesens in den Händen auswärtiger Kaufleute vereinigte, war für dessen Entwicklung nicht segensreich. Für die Kaufleute, denen es nur um raschen Gewinn zu tun war, bildete der Bergbau nur ein Mittel zum Zweck. Statt den Abbau mit Liebe und Neigung zu betreiben, verlegten sie sich auf den Raubbau. Bereits Ende der zwanziger Jahre des 16. Jahrhunderts werden die ersten Klagen laut, dass der Berg nicht mehr so reiche Erträge bringe, wie früher. Am interessantesten ist die Entwicklung am Falkenstein, die wir nun etwas näher betrachten wollen.

Hans Paumgartner stand hier, was Umfang seiner Betriebe betrifft, an der Spitze der Gewerken. Von 1507 bis 1535 produzierte er allein 282 222 *M* 13 l Silber. Selbst Virgil Hofer, der reiche Bergherr von Rattenberg, brachte es in den Jahren 1475 bis 1526 nur auf 305 388 *M*[2]). Die Tiroler Regierung erkannte diesen Vorrang Paumgartners auch an. Im Jahre 1524 z. B. lesen wir in den Kopialbüchern, „dass Paumgartner der meisten Schmelzer einer sei"[3]). Aehnlich heisst es 1526: „Paumgartner, als der jetzt das ansehnlichste Bergwerk hat . ."[4]). Später musste die Regierung, da das Bauen schwieriger wurde, den Gewerken ein Gnad- und Hilfsgeld gewähren, um sie „beim Berg zu halten". Bei der ständigen Finanznot konnte sie jedoch diesen Verpflichtungen häufig nicht nachkommen. So hatten die Gewerken im Jahre 1524 noch 42 364 fl zu empfangen.

---

[1]) Ein typisches Beispiel dafür ist der Bankrott Martin Baumgartners von Kufstein, des Sohnes Hans Baumgartners. Er beteiligte sich am Tiroler Bergbau, geriet in Schulden und musste schliesslich seinen ganzen Besitz an Gruben seinen Gläubigern abtreten. Näheres darüber siehe u. S. 128.

[2]) Wolfstrigl-Wolfskron a. a. O. S. 52—56 ist das Silberverzeichnis der Silberbrenner Jörg und Sebastian Anndorfer zu Schwatz abgedruckt, dem ich obige Zahlen entnehme.

[3]) Missiven (1524) fol. 43.

[4]) Missiv an Hof (1526) fol. 88. Fugger, Stöckl u. Höchstetter werden i. J. 1524 als die bedeutendsten Gewerken erwähnt nach Paumg.

Auf Paumgartner fielen dabei allein 11 000 fl. Um diese Rückstände bezahlen zu können, nahm die Regierung bei Fugger, Paumgartner und Höchstetter ein Anlehen auf. Mit Paumgartner, der ja selbst Gewerke war, verständigte man sich dahin, dass er einstweilen gegen 5 % Verzinsung warte und dann, wie die Fugger und Stöckl, sich vom Silberwechsel bezahlt mache[1]).

In den dreissiger Jahren wurde dann der Rückgang der Bergerträgnisse ganz offenkundig. Die Gewerken erklärten 1534 und in den folgenden Jahren wiederholt, sie könnten, ohne Schaden zu erleiden, nicht mehr weiter bauen, wenn ihnen nicht die Regierung weitere Zuschüsse gewähre[2]). Sie drohten sogar, den Bau ganz einzustellen. Daraufhin gewährte die Kammer den einheimischen Gewerken Stöckl und Tänzl eine „Particulargnad". Sie erhielten die Berechtigung, $^2/_8$ (statt bisher $^1/_4$) des von ihnen gemachten Silbers frei verführen zu dürfen. Man begründete dies damit, dass sie auch „im ringen Wechsel" bauten, im Land selbst Steuer zahlten und den Bergbau als Beruf ausübten[3]). Die Augsburger (Fugger, Paumgartner usw.) hatten sich zunächst mit diesem Sonderprivilegium einverstanden erklärt, aber bald darauf traten auch sie mit der Bitte an die Regierung heran, dass man ihnen ebenfalls jene „besondere Gnad" gewähre. Die Kammer wies diese Forderung jedoch ab und betonte mit Recht, dass die Kaufleute auch aus dem Silberhandel grossen Nutzen zögen, was bei Stöckl und Tänzl nicht der Fall sei. Es wäre auch schimpflich, wenn der König nicht die Macht hätte, einem vor dem andern mehr Gnad zu gewähren[4]). Der Einfluss, den die Augsburger in Tirol gewonnen hatten, war aber bereits zu gross, als dass man auf die Dauer ihre Wünsche hätte ignorieren können. Bei jedem neuen Darlehen, das sie gewährten, stellten sie die Forderung einer Erhöhung des Gnadgeldes. Als 1543 die Paumgartner, Fugger, Haug und Neithart — damals die Hauptgewerken — an den König besonders hartnäckig ihre Bitte

[1]) Missiv an Hof (1523) fol. 18.

[2]) Wolfstrigl a. a. O. S. 50.

[3]) Die einheimischen Gewerken bauten auch an den weniger ergiebigen Plätzen weiter, während die Augsburger den Bau an jenen Stellen aufgaben, wo sich ein Rückgang der Erträgnisse zeigte.

[4]) Missiv an Hof (1538) fol. 82.

wiederholten, ihnen auch $^2/_3$ ihres Silbers freizugeben, hielt die Kammer in ihrem Gutachten an den König mit ihrer Meinung nicht zurück. Sie erklärte, die Augsburger Kaufleute hätten keinen Grund, sich zu beschweren. Sie hätten die Einheimischen ausgekauft und man hätte nicht geglaubt, dass sie vorhatten, „einen Schatz und Gottesgab" wie den Falkenstein zu ruinieren. Man sei vielmehr der Meinung gewesen, sie würden andere, wenn sie zaghaft würden, zum Ausharren und tröstlichen Bauen bewegen. Wenn die Stöckl und Tänzl sich zurückgezogen hätten, so wäre weniger Silber gemacht worden und sie, die Kaufleute, hätten dann mit der Rückzahlung ihrer Darlehen länger warten müssen. Die Inländer hätten auch kein anderes Gewerbe als den Berg, während der Ausländer Vermögen davon nicht allein abhängig sei. Wenn der Berg nicht mehr Nutzen bringe, so seien sie trotzdem Herren mit ihrem Handel, so sie in allen Ländern haben[1]).

Damals, als die Regierung dieses Schreiben an Ferdinand sandte (27. Januar 1544), übertraf der Bergbau Paumgartners immer noch bei weitem den der andern Augsburger. Die Fugger machten nämlich 1543: 4091 *M* 14 l, die Haug und Neithart 4918 *M* 12 l, Paumgartner dagegen 7138 *M* 15 l Silber[2]).

Im Jahre 1544 hatten dann die Supplikationen schliesslich Erfolg. Die Regierung durfte es mit den Kaufleuten nicht verderben. Um das Heiratgut für Ferdinands Tochter Elisabeth aufzubringen (siehe u. S. 68), musste man den Kaufleuten am 1. November 1544 auch die Gnade gewähren[3]), dass sie „wegen ihres tapferen Bauens und in der Hoffnung, dass sie auch ferner getreu bauen wollten, auch anderer bewegenden Ursachen halber" statt der bisherigen vierten Mark über den halben Teil ihres Silbers gegen Bezahlung des Wechselgeldes frei verfügen dürften. Diese Gnade sollte bis Ende 1548 gelten. Noch war diese Frist nicht abgelaufen, da kamen die Augsburger (auch die seit 1547 im Bergbau tätigen Herwart) mit der Bitte um noch weitere Privilegien. Die Ergiebigkeit des Falkenstein nahm nämlich jetzt rapid ab. Die Gewerken erklärten, sie

---

[1]) Dieses interessante Schreiben an Ferdinand, aus dem der langverhaltene Groll der Regierung über die Gewinnsucht der Augsburger spricht, steht Missiv an Hof (1543) fol. 27.

[2]) Missiv an Hof (1543) fol. 88.

[3]) Entbieten u. Befehl (1544) fol. 299.

hätten in den letzten fünf Jahren mit grossem Schaden gebaut. Paumgartner stand, was Silbererzeugung betrifft, immer noch an der Spitze. Den von ihm produzierten 7000 *M* stehen bei den Fuggern nur 5000, Haug-Neithart 4300 und Herwart 950 *M* gegenüber[1]). Die Regierung, die die Berechtigung jener Klagen zugestehen musste, verstand sich zu einigen Milderungen, blieb aber anderseits bei ihrer früheren Ansicht, dass die Kaufleute nur aus Spekulation ohne Rücksicht auf den Nutzen oder Schaden des Landes sich in den Bergbau eingelassen hätten. Und damit hatte sie gewiss recht. Der Kaufmann, der sich nur des Gewinns halber in die Bergwerksunternehmungen einliess, kannte die moralische Verpflichtung, auch in schlechteren Zeiten auszuharren, nicht. Es wird sich wohl nicht bestreiten lassen, dass die Augsburger, besonders die, welche wie Paumgartner sich am Bergbau selbst beteiligten, die Schuld an dessen Verfall trugen. Das Wohl und Wehe des Tiroler Landes lag ihnen nicht am Herzen. Diese Rücksichtslosigkeit im Gewinnen gehörte eben mit zum Wesen des Kaufmanns in jenen Tagen. Darin lag für ihn das Lockende an seinem Beruf, der anderseits Gefahren und Risiko genug in sich schloss[2]).

Neben dem Hauptunternehmen am Falkenstein, dessen Entwicklung wir im vorstehenden genauer verfolgt haben, beteiligte sich Hans Paumgartner noch an einer Reihe anderer Orte am Bergbau. Grössere Anteile besass er noch zu Klausen und bei Sterzing, wo er mit Hans Stöckl der Hauptgewerke war[3]). Auch hier baute er mit Unterstützung der Regierung. Er erhielt für jeden Kübel Erz, den er von Klausen nach Schwaz führte, 36 kr Hilfsgeld. Ferdinand stellt ihm und Stöckl das Zeugnis aus, dass sie das dortige Bergwerk in Aufschwung gebracht hätten[4]). Paumgartner erhielt dann 1524 die Erlaubnis, am Klausen ein eigenes Hüttwerk anzulegen[5]). Ferner baute er

---

[1]) Missiv an Hof (1548) fol. 69.

[2]) Der Ausspruch, den Jacob Fugger der Reiche einmal tat: er wolle gewinnen, solange er könne (Ehrenberg: Zeitalter d. Fugger I S. 118), war auch das Losungswort eines Paumgartner und der andern Augsburger Kaufleute.

[3]) Wolfstrigl-Wolfskron a. a. O. S. 242. Klausen am Eisack, unterhalb Brixen gelegen.

[4]) Geschäft von Hof (1523) fol. 176.

[5]) Entbieten u. Befehl (1524) fol. 306. Im Jahre 1528 kaufte

bei Gossensass und dem in der Nähe gelegenen Schneeberg ebenfalls mit Stöckl. Im Jahre 1520 hatte er dort so viel Erz zutage gefördert, dass er nicht wusste, wo er es unterbringen sollte, weshalb er es der Regierung anbot[1]). Bedeutend scheint auch seine Bergwerkstätigkeit bei Nals und Terlan seit 1545 gewesen zu sein[2]). Das gewonnene Erz wurde in den Hütt- und Schmelzwerken, deren Paumgartner drei besass (zu Kundl, am Klausen und in Rattenberg), verarbeitet.

Auch ausserhalb Tirols war er an der Metallgewinnung beteiligt. Schon im Jahre 1526 waren ihm Silberbergwerke in St. Joachimstal in Böhmen verpfändet worden[3]), später, im Jahre 1549, lud ihn die Regierung ein, dort selbständig zu bauen. Zusammen mit Konrad und Hans Rehlinger ist Paumgartner endlich auch noch an dem Bergbau an der Idria (in Krain) tätig, wo Quecksilber und Zinnober gewonnen wurde. Er ist dort um 1535 nachweisbar[4]).

Auf die technische Seite des Bergbaus soll hier nicht weiter eingegangen werden. Erwähnt sei nur noch, dass Hans Paumgartner in der Nähe seiner Schmelzhütten häufig Wälder angewiesen erhielt. In Schwaz besass er, wie die Fugger, ein eigenes Haus, in welchem er bei seiner häufigen Anwesenheit wohnte[4]). Ein eigener Faktor, der eine gewisse Selbständigkeit besass, überwachte die Bergwerksbetriebe und die Silberablieferungen.

Das Gesagte wird genügen, um eine Vorstellung von Hans Paumgartners Anteil an der Montanindustrie zu geben. Man gewinnt den Eindruck, dass er auf seine Tiroler Unternehmungen sein besonderes Augenmerk richtete. Wir hatten wiederholt Gelegenheit, darauf hinzuweisen, dass er dort zu allen Zeiten als Gewerke die erste Stelle einnahm. Mehr als

---

Paumgartner von dem Bischof von Brixen für 4300 fl eine Reihe von Gruben in Klausen. (Wolfstrigl a. a. O. S. 289.)

[1]) Wolfstrigl a. a. O. S. 288.

[2]) Paumgartner baute in Nals und Terlan schon im Jahre 1545, nicht erst seit 1546, wie Wolfstrigl S. 331 angibt. Vgl. Gemain Missiven (1545) fol. 370. Er bat um die Erlaubnis, das in Terlan gewonnene Erz in seinen Hüttenwerken zu Klausen oder Kundl verarbeiten zu dürfen, was ihm dann am 2. Febr. 1546 erlaubt wurde.

[3]) Thorsch, Materialien zu einer Geschichte d. österr. Staatsschulden S. 25.

[4]) Hans Paumgartners Testament (im Geh. Staatsarchiv München) vom 5. Mai 1535.

irgendeiner der anderen Augsburger Handelsherrn verdankte er seinen Reichtum Tirol, wo er in seinen Bergwerken einen grossen Teil seiner Kapitalien stecken hatte.

In der soeben geschilderten Periode des Niedergangs des Tiroler Bergbaus (ca. 1530 bis 1548) dauerten natürlich auch die finanziellen Beziehungen Paumgartners zu Ferdinand fort, da dieser infolge der politischen Weltlage mehr denn je gezwungen wurde, sich an die Kaufleute zu wenden. Vor allem verursachten jetzt die Türkenkriege grosse Ausgaben. Es würde über den Rahmen unserer Familiengeschichte hinausgehen, wollten wir alle bei den Augsburgern gemachten Anlehen genauer besprechen. Selbst in der Aufzählung der Hans Paumgartner betreffenden Verträge müssen wir uns einige Schranken setzen und können aus der Fülle des in den Kopialbüchern erhaltenen Materials nur das Wichtigste hervorheben. Paumgartner gehörte eben wie die Fugger schon längst zu den ständigen Geldgebern der Habsburger, eine Stellung, die er nicht zuletzt seinem ausgedehnten Besitz an Bergwerken zu danken hatte.

Der allmähliche Rückgang in der Silbererzeugung musste natürlich auch auf die Erfüllung der von der Regierung abgeschlossenen Verträge zurückwirken. Es wurde immer unmöglicher, die Lieferungstermine einzuhalten. So hatte Paumgartner nach einer Berechnung vom 12. April 1529 an Silber noch zu empfangen 2925 *M* für das Jahr 1528 und bereits weitere 1000 *M* für die ersten Monate des Jahres 1529. Er lieh trotzdem wieder 8000 fl her, für die ihm 6000 *M* Silber verschrieben wurden[1]). Um dem Sultan Soliman, der im Jahre 1529 bekanntlich bis vor Wien vorgedrungen war, Widerstand leisten zu können, nahm Ferdinand am 25. September bei Fugger und Paumgartner 28 500 fl auf und gewährte ihnen dafür 12 000 *M*[2]).

Auf die gegenseitige Eifersucht und den Konkurrenzkampf der Augsburger Firmen wirft ein Vorgang einiges Licht, der sich in den Jahren 1529 bis 1531 abspielte[3]). Ferdinand hatte am

[1]) Missiv an Hof (1529) fol. 37 ff. Es wurden am 12. April von der Regierung Philipp von Lichtenstein, Johann Zott und Andreas Teubler nach Augsburg geschickt, um mit den Kaufleuten (Fugger, Paumgartner, Herwart-Bimmel und Manlich) zu verhandeln.

[2]) Entbieten u. Befehl (1531) fol. 48.

[3]) Die meisten Aufschlüsse darüber gibt: Missiv an Hof (1530) fol. 6 ff.

9. November 1528 in Wien einen grossen Vertrag mit der Handelsgesellschaft Bimmel-Herwart abgeschlossen und ihr für ein Darlehen von 90 000 fl 60 000 *M* Silber verkauft. In den Jahren 1534 bis 1536 sollten die genannten Kaufleute je 20 000 *M* erhalten. Doch hatte sich der König für die nächsten drei Jahre (vom 1. Januar 1529 ab gerechnet) eine eventuelle Rückgängigmachung dieses Abkommens in der Weise vorbehalten, dass er versprach, im Fall der Ablösung den Kaufleuten für jede Mark im ersten Jahr 12 kr (also zusammen für die 60 000 *M* 12 000 fl), im zweiten Jahr 15 kr (zusammen 15 000 fl) und im dritten Jahr 20 kr (zusammen 20 000 fl) zu bezahlen. Anton Fugger und Hans Paumgartner lag alles daran, Bimmel in Tirol nicht zu mächtig werden zu lassen, und sie erboten sich daher, die genannte Firma abzulösen, um ihrerseits in den Besitz des Silbers zu kommen. Da sie ausserdem noch 12 000 fl mehr bewilligten, so war die Regierung mit ihrem Vorschlag einverstanden; doch verlangten Fugger und Paumgartner ausdrücklich, dass die Ablösung im Namen der Regierung geschehe. Sie wollten nämlich nicht in den Verdacht kommen, als hätten sie an der Verdrängung der Bimmel mitgewirkt. Die letzteren wollten nun zwar von einer Wiedereinlösung des Vertrags nichts wissen, mussten sich aber schliesslich doch darein fügen, worauf am 1. Juni 1531 unter Zustimmung Ferdinands der Vertrag zugunsten der Fugger und Paumgartners rückgängig gemacht wurde, indem letztere die Ablösungssumme von 15 000 fl bezahlten.

Der Reichstag in Augsburg im Jahre 1530 wurde von der Tiroler Regierung bzw. ihren Abgesandten Johann Löble[1]) und Andreas Teubler zu Finanzgeschäften mit den Kaufleuten benützt. Obwohl Fugger und Paumgartner am 17. Januar 1530 erst 30 000 fl dargeliehen, traten jene Vertreter der Tiroler Kammer jetzt mit neuen Forderungen an sie heran[2]). Paumgartner wollte sich zunächst auf weitere Darlehen nicht einlassen und wies auf die grossen, in der jüngsten Zeit abgeschlossenen Verträge hin. Schliesslich verstand er sich doch

---

[1]) Johann Löble, der uns öfter als Gesandter in Geldangelegenheiten begegnet, war Reichsschatzmeister und mit einer Tochter Philipp Adlers vermählt. (R o t h: Augsb. Reformationsgesch. II S. 148 m. Anm.)

[2]) Entbieten u. Befehl (1530) fol. 33.

noch zu einer Summe von 8000 fl, wofür er auf den Silberwechsel der Jahre 1534 und 1535 verwiesen wurde.

Aber nicht nur mit seinem Geld unterstützte Hans Paumgartner in jenen kriegerischen Zeiten Ferdinand im Kampf gegen die Türken, sondern er rüstete im Jahre 1532 auch 30 Mann aus, die er persönlich nach Wien zum königlichen Heere führte. Während des Feldzuges sorgte er für ihre Verpflegung. Später in den Kämpfen Karl V. gegen Franz I. in Burgund und dann nochmals im Türkenkrieg des Jahres 1542 hat er wiederholt in gleicher Weise die Heere Ferdinands und seines Bruders verstärkt[1]).

Neben den Türkenkriegen verschlang jetzt die Hofhaltung Ferdinands in Innsbruck grössere Beträge, da dort seine Söhne und Töchter erzogen wurden. Das für diese Zwecke nötige Geld wurde zum Teil von den Augsburger Kaufleuten aufgebracht. Als z. B. zu Anfang des Jahres 1533 in Schwaz und Hall die Pest herrschte, sah sich die Regierung veranlasst, die Hofhaltung aus Innsbruck zeitweise wegzuverlegen, um die „königlichen Kinder" vor Ansteckung zu schützen. Paumgartner, Fugger und Bimmel liehen aus diesem Anlass je 12 000 fl, und man gab diesen drei Kaufleuten das Versprechen, dass man sie in Zukunft bei Geldgeschäften in erster Linie berücksichtigen werde[2]).

In der Tat wurde dann im Mai 1534 Gregori Maschwander[3]) mit einer Instruktion nach Augsburg geschickt, um mit diesen drei „Parteien" in Finanzhandlung zu treten. Es gelang ihm, von jeder 4000 fl zu erhalten. Anton Fugger aber sagten solche gemeinsame Geschäfte nicht zu. Sein Wunsch war es stets gewesen, das ganze Tiroler Finanzwesen als Monopol in seine

---

[1]) Alle diese Ausrüstungen von Truppen werden von Karl V. in der Urkunde anerkennend hervorgehoben, in der der Kaiser Hans Paumgartner den Freiherrntitel verleiht. (Familienkodex Bl. 30 a—34 a.)

[2]) Gemein Missiven (1533).

[3]) Maschwandei war Tirolischer Kammermeister. Er sollte sich laut seiner Instruktion an die folgenden Kaufleute und Gesellschaften wenden: Raimund, Anton und Hieronymus Fugger, Hans Paumgartner, Anthon Haug, Hans Langenauer als Gewalthaber anstatt der Bimmel und Sebastian Neithart anstatt weiland Christof Herwarts Erben. Die zuletzt Genannten (ausser Fugger und Paumgartner) bildeten eine Gesellschaft, da in der Instruktion nur von drei Parteien die Rede ist. Entbieten u. Befehl (1534) fol. 406.

Hand zu bekommen. Was ihm bisher noch nicht gelungen, schien er jetzt auf dem Weg über Wien zu erreichen. Als er nämlich im Jahre 1534 Ferdinand für die „württembergische Kriegshandlung" 50 000 fl dargeliehen hatte, wurde ihm vom König zugesichert, dass man in den nächsten 13 Jahren nur mit ihm allein Verträge abschliessen werde. Als diese Bevorzugung Fuggers Hans Paumgartner zu Ohren kam, war er darüber höchst empört und machte der Regierung in Innsbruck deshalb Vorhalt. Man stellte ihm hierauf eine Nebenurkunde aus, in der das im Jahre 1533 den drei Augsburger Firmen gegebene Versprechen erneuert wurde. Gleichzeitig richteten die Räte ein Schreiben an den König mit der Bitte, er möge in Zukunft eigenmächtige Finanzhandlungen unterlassen, da dieselben der Regierung stets grosse Verlegenheiten brächten[1]). Wie Anton Fugger sich mit der Aufhebung der ihm von Ferdinand gegebenen Vorrechte abfand, geht aus unsern Quellen nicht hervor. Hans Paumgartner aber bleibt auch fernerhin mit Tirol in enger Verbindung und steuert zur Unterhaltung des Hofes und zu andern Zwecken recht ansehnliche Summen bei. So zahlte er am 19. August 1536 an die Regierung 43 000 fl, wofür ihm 30 000 ℳ Silber zugesagt wurden[2]). Die Bergwerke reichten aber längst nicht mehr hin, um solche Mengen in einigermassen naher Zukunft liefern zu können. Im Jahre 1538 hatte er an Rückständen noch 29 637 ℳ Silber zu erhalten[1]). Die Folge war, dass Streitigkeiten unter den Kaufleuten über den Empfang des Metalls ausbrachen, da keiner länger warten wollte und jeder sich aus dem von ihm in seinen Hüttwerken produzierten Silber bezahlt machte, ohne auf die andern Rücksicht zu nehmen. Die Regierung hatte alle Mühe, die Streitenden zu beschwichtigen und gewährte ihnen öfter zu „Ergötzlichkeit ihres guten Willens" Zuschüsse zu ihren Verträgen.

Im Jahre 1539 begab sich Ferdinand zu seinem Bruder

---

[1]) Missiv an Hof (1538) fol. 23. 28. 50. Wegen des Rückganges der Silbererzeugung am Falkenstein hatten die drei Kaufleute zu Anfang des Jahres 1538 noch ff. rückständige Summen aus früheren Verträgen zu erhalten: Fugger: 33 857 ℳ 6 l, Paumgartner: 29 637 ℳ 3 l, Bimmel: 17 280 ℳ 8 l.

[2]) Entbieten u. Befehl (1536) fol. 14.

[3]) Geschäft von Hof (1539) fol. 242.

Karl V. in die Niederlande. Wohl, um dort nicht mit leeren Händen anzukommen, teilte er der Regierung in Innsbruck mit, dass er „zu dem hochnotdürftigen Fürnemen des Zugs in das Niederland" 60 000 fl nötig habe, mindestens aber 50 000 fl, da ihm mit weniger nicht gedient sei. Die Räte, selbst in grosser Geldnot, beriefen sofort die Tiroler Landstände und schickten zu den bekannten drei Augsburger Firmen, um mit ihnen wegen eines Anlehens zu sprechen. Die letzteren gewährten zusammen 30 000 fl (jede 10 000) und liessen sich dafür 20 000 ℳ Silber aus ihren Bergwerken verschreiben[1]). In Gent angekommen (März 1540), erklärte Ferdinand, es sei eine viel grössere Summe nötig, als er vermutet, und befahl den Räten in Innsbruck, sie sollten mit den Kaufleuten weiter verhandeln. Gleichzeitig stand die Regierung mit diesen in Unterhandlung, um Geld aufzubringen für 5 Fähnlein Landsknechte, die im September 1540 nach Ungarn gegen die Türken geschickt werden sollten. Paumgartner lieh für diesen Zweck 7000 fl her[2]). Für die Bekämpfung des Sultans mussten die Kaufleute aber im Jahre 1541 noch weit grössere Summen aufbringen. Ferdinand, der vor Ofen gegen Soliman im Felde lag, schloss im Mai dieses Jahres mit Anton Fugger, Hans Paumgartner und Matthias Manlich einen grossen Vertrag über 110 000 fl ab und verschrieb ihnen dafür 50 000 ℳ Silber[3]). Die Regierung konnte, als ihr dieses Abkommen bekannt wurde, es nicht unterlassen, den König auf die schlimme Finanzlage Tirols und die arge Belastung der Bergwerke hinzuweisen[4]). Sie weigerte sich, den Vertrag anzuerkennen, da der König auf dem letzten Landtag zu Bozen versprochen habe, keine eigenmächtigen Finanzhandlungen mehr abzuschliessen. Die Räte sprachen auch die Befürchtung aus, dass die Unterhaltung des „Wesens" in Innsbruck und in Ensisheim wohl einmal stillstehen werde. Auch könne das Tiroler Land die Gelder für die Türkenkriege nicht allein aufbringen. Der König solle auf eine stärkere Heranziehung der Reichsstände dringen. Da der obige Vertrag aber nun einmal abgeschlossen war, so half ein Widerstand dagegen wenig und die Regierung verstand

---

[1]) Entbieten und Befehl (1540) fol. 284.

[2]) Geschäft von Hof (1540) fol. 132.

[3]) Gemein Missiven (1541) fol. 136.

[4]) Missiv an Hof (1541) fol. 88.

sich schliesslich auch dazu, zu unterschreiben und damit das Darlehen anzuerkennen.

Im Jahre 1542 ging es in der nämlichen Weise mit Geldaufnahmen fort. Paumgartner gewährte für den Türkenkrieg 10 000 fl und ausserdem zusammen mit Fugger und Bimmel 12 000 fl zur Beförderung welscher Pferde und des Kriegsvolks des Papstes nach Ungarn[1]). 1543 wandte sich die Regierung an ihn mit der Bitte, Geld zur Ausrüstung von Erzknappen für den Türkenkrieg zur Verfügung zu stellen. Die 3000 fl, die Paumgartner hierauf hergab, wurden dazu benützt, um 200 in Erdarbeiten geschickte Schwazer Bergknappen nach Ungarn zum Aufwerfen von Schanzen und Wällen zu senden[2]).

Aber nicht nur zur Führung seiner Kriege standen dem König die Kassen der Augsbuıger offen. Auch für die habsburgische Heirats- und Familienpolitik mussten sie die Mittel liefern. Ein Beispiel dafür ist die Vermählung von Ferdinands Tochter Elisabeth mit dem Sohne des Polenkönigs Sigismund. In dem Heiratsvertrag hatte der Vater der Braut ein Heiratgut von 100 000 fl ung. (= 175 000 fl rh.) bewilligt, das in drei Fristen, nämlich am Tage der Hochzeit und je ein halbes Jahr danach, an den jungen Polenkönig bezahlt werden sollte. Würden diese Termine nicht eingehalten, so sollte die doppelte Summe verfallen sein, oder der Polenkönig das Recht haben, die habsburgischen Lande anzugreifen. Am 17. Oktober 1544 teilte Ferdinand von Prag aus der Regierung in Innsbruck diese Vertragsbedingungen mit[3]). Bis dahin war, da die Türkenkriege alles Geld verschlangen, an dem Heiratgut noch kein Pfennig bezahlt worden, weshalb der Polenkönig jetzt ernstliche Mahnungen und Drohungen an Ferdinand richtete und bis nächste Weihnachten das Geld verlangte. Ferdinand hatte hierauf seinen Rat Georg Ilsung nach Augsburg geschickt, damit er mit den Kaufleuten wegen Aufbringung der Summe in Unterhandlung trete. Fugger, Paumgartner und Bimmel benützten diese Gelegenheit und erklärten sich zu einem Darlehen nur bereit, wenn ihnen bei ihrem Bergbau wesentliche Erleichterungen gewährt würden. Der Regierung blieb nichts übrig, als in die von den Kaufleuten aufgestellten Bedingungen

[1]) Gemein Missiven (1542) fol. 154.

[2]) Geschäft von Hof (1543) fol. 182.

[3]) Geschäft von Hof (1544) fol. 217—222.

zu willigen, worauf die Augsburger sich zur Zahlung von 100 000 fl rh. bereit erklärten[1]).

Das zuletzt besprochene Ereignis hat nochmals besonders deutlich die grosse Finanznot Ferdinands einerseits und die mächtige Stellung der Augsburger Kaufleute anderseits gezeigt. Die Regierung war mit der Zeit in völlige Abhängigkeit geraten von drei oder vier Firmen, die den Metallhandel Tirols beherrschten. Es ist nicht zu viel gesagt, wenn wir behaupten, dass das Geld der Augsburger bei allen wesentlichen Unternehmungen des Hauses Habsburg in der ersten Hälfte des 16. Jahrhunderts eine wichtige Rolle spielte. Wenn auch in dieser Hinsicht der Name Jacob und Anton Fuggers immer an erster Stelle zu nennen sein wird, so hat die bisherige Darstellung, wie ich glaube, doch auch den Beweis erbracht, dass den beiden Hans Paumgartnern Vater und Sohn der nächste Platz nach jenen einzuräumen ist. Die Summen, die diese im Laufe eines halben Jahrhunderts den Habsburgern geliehen haben, werden sich ebensowenig mehr genau feststellen lassen, als die vielen Tausende Mark Silber, die sie während dieser Zeit aus Tirol fortführten, um damit in Venedig und auf anderen Weltmärkten gewinnbringenden Handel zu treiben. Um so klarer liegen die Folgen dieser Unternehmungen vor uns: ein immer höher steigender Reichtum und eine glanzvolle äussere Lebensstellung der Familie.

c) Hans Paumgartners Privathandel und Vermögen.

Während wir über die Beziehungen Hans Paumgartners d. J. zu Tirol und den Habsburgern aufs genaueste unterrichtet sind, fehlen uns für seine übrigen Handels- und Geldgeschäfte nähere Angaben fast gänzlich. Nur Analogien mit anderen Firmen ermöglichen hier einen Rückschluss auf Paumgartners Tätigkeit. Die Unternehmungen der Welser und Fugger zeigen, in welchen Bahnen sich der Welthandel zur Zeit seiner Blüte zwischen 1520 und 1550 bewegte[2]). Paumgartner stand hinter ihnen nicht weit zurück, wie schon daraus hervorgeht, dass er bei den Zeitgenossen öfter mit diesen beiden Weltfirmen

[1]) Geschäft von Hof (1544) fol. 217—222.

[2]) Vgl. bes. Ehrenberg: Zeitalter der Fugger 1. Bd.

zusammen genannt wird, wenn die mächtigsten Handelshäuser der Christenheit aufgeführt werden. So sagt der venezianische Gesandte Mocenigo: Sono in questa città (= Augsburg) molti mercanti richissimi, dico alcuni cosi ricchi, che non vi sono ne maggiori ne di gran lunga pari à loro in tutta la Christianità. Li principali di questi sono li Belzer, Pangortiner et Focchari[1]). Aleander, der römische Legat, nennt Paumgartner den Reichsten nach den Fuggern, sogar reicher als die Welser[2]).

Ebensowenig wie diese wird auch unser Handelshaus sich auf die Tiroler Unternehmungen beschränkt haben. An den bedeutenderen Plätzen Europas werden wir Paumgartnersche Faktoreien und Kontore annehmen dürfen. Neben Venedig, das als Stapelplatz für die Produkte des nahen Orients immer noch in Betracht kam, wurden die Niederlande immer wichtiger für den Welthandel. Die Erzeugnisse der niederländischen und englischen Tuchindustrie kamen hier auf den Markt. Baumwolle und die andern Produkte des neuentdeckten Erdteils wurden in Antwerpen von den oberdeutschen Kaufleuten eingehandelt, wogegen sie hier ihr Silber und Kupfer zum Verkauf brachten[3]). Paumgartner beteiligte sich an diesem Warengrosshandel in ausgedehntem Masse. Wiederholt hörten wir, dass er für Ferdinands Hofhaltung Seide, Tuche und Gewürze besorgte. Als bei Ausbruch des Schmalkaldischen Krieges Karl V. den Augsburger Kaufleuten den Handel mit den Niederlanden verbieten wollte, wird auch Paumgartner unter denen genannt, die dadurch schwer betroffen würden[4]).

---

[1]) Relationen venetianischer Botschafter über Deutschland und Oesterreich im 16. Jahrh. Hrsg. v. Joseph Fiedler, Wien 1870 S. 71. (In: Fontes rerum Austriacarum 2. Abt. Bd. 30.) Alois Mocenigo weilte im Jahre 1548 am Hofe u. im Lager Karls V.

[2]) Nuntiaturberichte aus Deutschland. Im Auftrage des Kgl. Preussischen Historischen Instituts bearbeitet. 1. Abteilung Bd. 4 S. 374 ff. Aleander weilte im August 1539 am Wiener Hofe und führte über die Zeit seiner Legation ein Tagebuch, dem auch obige Notiz entnommen ist.

[3]) Ein Blick in die im Augsburger Stadtarchiv vorhandenen Handlungsbücher der Firma Haug lässt die Ausdehnung der Geschäfte erkennen, die von den Augsburger Kaufleuten getrieben wurden. (Vgl. Johannes Meilinger: Der Warenhandel der Augsburger Handelsgesellschaft Anton Haug, Hans Langenauer, Ulrich Link u. Mitverwandte (1532—1562), Gräfenhainichen 1911. (Leipziger Dissertation.)

[4]) Rud. Häpke: Niederländische Akten u. Urkunden zur Ge-

Umfassender freilich als der Warenhandel waren wohl zu allen Zeiten Hans Paumgartners Geldgeschäfte. Als Bankier König Ferdinands I. haben wir ihn bereits in hervorragender Weise tätig gesehen. Interessant wäre es, über seine Stellung zu dem französischen König Franz I. Näheres zu erfahren. Leider konnte ich darüber ausser den sogleich anzuführenden Notizen nichts weiter ermitteln. Begreiflicherweise bewahrte Paumgartner über diesen Teil seiner Geschäfte tiefe Verschwiegenheit. Trotzdem scheint seine Verbindung mit dem französischen Hof bei den Zeitgenossen bekanntgeworden zu sein. So schreibt der schon obenerwähnte Aleander in sein Tagebuch, dass er bei seinem Aufenthalt am Wiener Hof gehört habe, Paumgartner mache viele Geschäfte mit Frankreich und sei am Hof Franz I. eine wohlbekannte Persönlichkeit[1]). Er übernehme besonders Wechselgeschäfte für den französischen König ausserhalb Frankreichs. Ferdinand selbst hatte Kenntnis von diesen Unternehmungen Paumgartners und warnte einmal Karl V. vor dem Kaufmann, den er „ung homme . . . assez favorable es affaires de France" nennt[2]). Vielleicht war ein Förderer dieser Beziehungen der Hofbankier Franz I. Hans Kleeberg, „der gute Deutsche", den wir als Freund Paumgartners einmal erwähnt finden[3]). Es braucht uns übrigens nicht wundernehmen, dem Geldgeber Karls V. und Ferdinands auch in den Diensten ihres grossen Gegners Franz I. zu begegnen. Die Kaufleute Augsburgs, auch die Fugger, betrieben ihre Geschäfte auf einer internationalen Grundlage und waren bereit, mit jedem Fürsten in Verbindung zu treten, wenn nur Aussicht auf Gewinn sich bot.

Auch zu England hatte Paumgartner geschäftliche Be-

schichte d. Hanse u. zur deutschen Seegeschichte, München-Leipzig 1913 (Urk. Nr. 516 im 1. Bd.).

[1]) Dixit [sc. Ribeysen] . . ., quod [Paumgart] maximam partem suorum negociorum tractat in Gallia et bene sit notus in curia regis Franciae innuens, quod rex aliquando eo utatur in transmittendis pecuniis extra regnum. (Nuntiaturberichte a. a. O. S. 375.) Paumgartner weilte damals (1. August 1539) selbst in Wien, um einen Vertrag mit dem König über Quecksilber u. Zinnober abzuschliessen. (Vgl. die der zitierten Stelle vorhergehenden Worte.)

[2]) Nuntiaturberichte a. a. O. 1. Abt. Bd. 6 (1909) S. 328.

[3]) Siehe u. S. 85.

ziehungen, da einmal erwähnt wird, dass er von dort Geld erwarte[1]).

Neben diese grossen europäischen Unternehmungen traten solche im engern Kreis. Paumgartners Vaterstadt Augsburg war ja um 1530 der erste Geldmarkt Europas und Wohnsitz der reichsten Bankiers der Welt. Wer Geld brauchte — Fürsten, Adelige und Bürger —, wandte sich an die dortigen Kaufherrn. Wie mancher Besucher der glänzenden Reichstage von 1518, 1530 und 1548 wird damals bei Paumgartner Geld aufgenommen haben. Das Bürgertum aber, besonders die kleinen Leute, legten ihre Ersparnisse gegen Verzinsung bei den Bankiers ein oder beteiligten sich mit ihren Kapitalien an den weitausschauenden Projekten der grossen Geldfürsten gegen das Versprechen hoher Gewinnanteile[2]). Weil dies alltägliche Vorgänge waren, so haben sich Nachrichten davon nicht erhalten. Nur wenn wir Hans Paumgartners Geschäftsbücher besässen, könnten wir nähere Aufschlüsse über diese Seite seiner Tätigkeit geben.

Alle Fäden dieses weltumspannenden Geld- und Warenhandels liefen zusammen in Augsburg, wo in der Annastrasse der reiche Kaufherr wohnte und wohl auch seine Kontore und Wechselstuben sich befanden. Mehrere Angestellte, oft auf verantwortungsvollen Posten, waren hier tätig. Zwei derselben, Christoph Gering und Lorenz Grieninger, besassen Hans Paumgartners besonderes Vertrauen. Gering, dem wir weiter unten nochmals begegnen werden, hatte Sabina Arzt zur Frau und gehörte zur Gesellschaft der Mehrer. Er nahm sicher eine leitende Stellung im Geschäfte ein[3]). Seit 1538

---

[1]) Roth, Reformationsgeschichte Bd. 3 S. 445.

[2]) Von Ambrosius Höchstetter erzählt Clemens Sender (Chron. d. deutsch. Städte 23 S. 219): „zu im haben fürsten, graffen, edel, burger, bauren, dienstknecht und dienstmägt ir gelt, was sie haben gehept, (zu im) gelegt und von dem 100 genommen 5 fl.“

[3]) Warnecke, Augsburger Hochzeitsbuch z. J. 1537 (S. 40), und Stetten, Adeliche Geschlechter S. 442 Sp. 3. Gering unterschreibt sich in einem Brief an Erasmus (siehe u. S. 89) als Paumgartners Sekretär. Er ist aber wohl kaum identisch mit jenem Christoph Gerung, der als Prediger bei St. Elisabeth in Memmingen tätig war (Dobel: Memmingen im Reformationszeitalter I S. 35 f.). Grieninger wird in Hans Paumgartners Testament als „Geheim Buchhalter“ bezeichnet.

finden wir dann auch Paumgartners ältesten Sohn Hans in der väterlichen Firma tätig. Nach seinem frühen Tod (1542) führte Grieninger die Handelsbücher[1]). Hans Paumgartner selbst behielt nur die Oberleitung in seiner Hand. Andere Interessen und die politischen Verhältnisse in Augsburg brachten es mit sich, dass er seit ca. 1538 häufiger sich von seiner Vaterstadt fernhielt[2]).

Bevor wir auf diesen Umschwung der Verhältnisse näher eingehen, müssen wir uns noch kurz mit der Frage nach Paumgartners Vermögen beschäftigen. Mocenigo, der venezianische Gesandte,[3]) nimmt als durchschnittlichen Gewinn, den die grossen Kaufleute bei ihren Unternehmungen machten, ca. 30 % an. Kein Wunder, wenn infolgedessen der Reichtum immer mehr zunahm und bald bei einigen eine fabelhafte Höhe — wenigstens für die damalige Zeit — erreichte. Im Jahre 1522 zahlte Jakob Fugger 1200 fl Steuer und liess damit alle anderen Kaufleute weit hinter sich. Der nächstreichste war Philipp Adler, Philippine Welsers Grossvater mütterlicherseits, mit einer Steuersumme von 500 fl[4]). Nehmen wir jedoch die von Hans Paumgartner d. Ae. und seinem Sohne bezahlten Beträge zusammen, so rücken sie an die zweite Stelle, denn mit ihren 691 fl übertreffen sie Adler noch um ein Beträchtliches. Bald war es Hans Paumgartner bei der Vielgestaltigkeit seiner Geschäfte nicht mehr möglich, jederzeit genau den Stand seines Vermögens anzugeben, wie es für die Steuereinschätzung nötig gewesen wäre. Er schloss daher im Jahre 1536 mit der Stadt ein Abkommen, wie dies ein Jahr zuvor auch Fugger getan hatte, indem er sich bereit erklärte, jährlich 800 fl Steuer zu bezahlen. Er sollte dann des Steuereides ledig

---

[1]) In Hans Paumgartners „Teilbrief" (siehe u. S. 106) wird dies erwähnt.

[2]) Natürlich hatte Paumgartner an den wichtigsten Mittelpunkten seiner Geschäftstätigkeit dauernde Vertreter oder „Faktoren". Nach Ehrenberg a. a. O. I S. 248 war um das Jahr 1531 in Antwerpen der einflussreiche Rat Karls V. Wolfgang Haller sein Vertreter. In Schwaz werden genannt: 1522 u. 1525 Jobst Engensteiner, 1527—1537 Hans Klocker, 1537 u. 1546 Jakob Plan.

[3]) Relationen venetianischer Botschafter . . . (Fontes rer. Austr. II 30 S. 71).

[4]) Nach der von Strieder: Genesis . . . S. 198 Anm. 2 gemachten Zusammenstellung der elf reichsten Augsburger im Jahre 1522.

sein und auch keine Aemter annehmen müssen. Dieses Steuerpauschale hatte dieselbe Höhe wie das Fuggers, der auch jährlich 800 fl bezahlte[1]). Es ist damit freilich nicht gesagt, dass Paumgartners Vermögen dem der Fugger gleich war. Fast möchte man vermuten, Paumgartner habe sich zu dem Vertrag mit der Stadt entschlossen, um nicht hinter Fugger zurückzustehen. Auch auf anderem Gebiet werden wir nämlich diesem Bestreben, es soviel wie möglich dem Rivalen gleichzutun, bald begegnen.

Nicht leicht ist es jedoch, nun wirklich die Grösse des Paumgartnerschen Vermögens anzugeben. Wir haben zwei Anhaltspunkte, die es ermöglichen, zu einem ungefähren Resultat zu gelangen. Der schon mehrfach genannte Aleander gibt im Jahre 1539 das Vermögen Paumgartners mit 600 000 fl an[2]) (nach einer Mitteilung, die ihm am Wiener Hof gemacht wurde), und der Venezianer Mocenigo sagt, dass Fugger im Jahre 1548 ca. 4 Millionen, Paumgartner und Welser zusammen 2—3 Millionen besessen hätten[3]). Nach dem, was uns sonst über Paumgartners Finanzkraft bekannt ist, glaube ich nicht, dass der Venezianer hier übertrieben hat. Wir dürfen wohl annehmen, dass unser Kaufmann zur Zeit der Blüte seines Geschäftes ein Vermögen von ca. einer Million Gulden besessen hat[4]). Um das Jahr 1540 war Hans Paumgartner nach Anton Fugger wohl der reichste Mann in deutschen Landen.

Um diese Zeit hatte sich aber im Schosse der Familie

---

[1]) Augsburg, Stadtarchiv: Paumgartnerakt Nr. 4. Nicht nur Anton, sondern auch jeder seiner Brüder bezahlte diese sog. reiche Steuer.

[2]) Nuntiaturberichte a. a. O. 1. Abt. Bd. 4 S. 375.

[3]) A. a. O. Fontes rer. Austr. II, 30 S. 71.

[4]) Ehrenberg a. a. O. S. 149 unterschätzt meines Erachtens die Kapitalkraft Paumgartners, wenn er die Angabe Mocenigos über das Paumgartnersche u. Welsersche Vermögen zu hoch findet. Bei den Summen, die Hans Paumgartner in seinen Bergwerken und im Handel angelegt hatte, wären ihm bei geringerem Vermögen nicht noch solche stattliche Güterkäufe möglich gewesen, wie wir sie sogleich zu schildern haben werden. Der Vermögenszuwachs resultierte übrigens nicht allein aus dem Handelsgewinn, sondern auch aus Erbschaften, Einkünften aus Aemtern, Besitzungen usw. Der Jurist Zasius, Paumgartners Freund, schätzt den jährlichen Reingewinn, den dieser aus seinen Bergwerken erziele, auf 100000 fl. Vgl. Förstemann u. O. Günther: Briefe an Desiderius Erasmus (= Beih. z. Zentralbl. f. Bibliotheksw. XXVII S. 197).

Paumgartner ein Umschwung vollzogen, der zu dem grossen Reichtum auch einen glänzenden Namen fügte und damit die Familie zu einem höheren Rang erhob.

d) Hans Paumgartners Gütererwerbungen und seine Erhebung in den Freiherrnstand.

Bei einer Reihe von Kaufleuten, so vor allem den Fuggern, machte sich bald das Bestreben geltend, einen Teil des in Bergwerksunternehmungen und im Bankiergeschäft gewonnenen Kapitals in Bodenwerten anzulegen und ihn so dem schwankenden Kaufmannsglück zu entziehen. Ein weiterer Grund zum Ankauf von Gütern war der Gedanke an die Nachkommen, denen der vom Vater erworbene Reichtum auf diese Weise gesichert werden sollte. Nicht wenige ehemalige Handelsfamilien haben so einen Teil ihres einstigen Vermögens durch die bald einsetzenden Geldkrisen hindurch bis auf die Gegenwart herübergerettet, es sei neben den Welsern und Fuggern nur an die Herwart, Rehlinger, Stetten, Tucher u. a. erinnert[1]).

Erleichtert wurde dieser Gütererwerb durch die mannigfachen Pfandschaften, zu denen sich die Habsburger bei der Unmöglichkeit barer Rückzahlung von Darlehen häufig genug verstehen mussten. Auch Hans Paumgartner d. Ae. kam dadurch in den Besitz einer schönen Herrschaft in Südtirol. Noch Maximilian I. hatte ihm für verschiedene Darlehen das Amt Kaltarn (s. von Bozen) und die dortigen Einkünfte verpfändet, und diese Verschreibung war auch von seinem Nachfolger nicht wieder eingelöst worden[2]).

Seit dem Jahre 1524 begann sodann Hans Paumgartner d. J., anknüpfend an die Tradition seines Vaters und dem Vorbild der Fugger nacheifernd, in grossem Masstab mit dem Kauf von Grundbesitz[3]). Nur kurze Zeit besass er das Schloss und

[1]) Ueber Jacob Fuggers Gütererwerbungen unterrichtet das jüngst erschienene 4. Heft der Studien zur Fuggergeschichte: Die Gütererwerbungen Jacob Fuggers des Reichen (1494—1525) und seine Standeserhöhung. Ein Beitrag z. Wirtschafts- u. Rechtsgeschichte v. Thea Düvel. München u. Leipzig 1913.

[2]) Nach dem von Hans Paumgartner kurz vor seinem Tod errichteten Teilbrief (jetzt im Kgl. Bayer. Geh. Staatsarchiv).

[3]) Die wichtigste Quelle für die Geschichte der Gütererwerbungen

den Markt Neuburg a. d. Kammel, die er am 20. April 1524 von Wolf von Rechberg um 15 100 fl gekauft hatte, aber bereits am 1. Oktober 1524 um denselben Preis an Erhart Vöhlin von Frickenhausen wieder verkaufte[1]). Dagegen ging ein Turm und Schloss zu Schwabmünchen im Jahre 1526 in seinen dauernden Besitz über. Er erwarb diese Güter um 1600 fl von Ulrich Jung, der Arznei Doktor, und hielt sich auf denselben wohl wegen der Nähe Augsburgs häufig auf[2]).

In die Jahre 1530 bis 1535 fallen sodann die grossen Erwerbungen, die der Familie einen ausgedehnten Grundbesitz in den verschiedensten Teilen Süddeutschlands verschafften. Der erste grössere Kauf führt uns in die Markgrafschaft Burgau. Hier besass der uns schon bekannte Augsburger Bankier Philipp Adler das Schloss Konzenberg mit einigen kleineren Gütern, das er im Jahre 1524 von Wolfdietrich v. Knöringen erworben hatte. Am 17. Mai 1530 genehmigte der Oberlehnsherr jener Herrschaft die Uebertragung des Lehens auf Hans Paumgartner. Am 13. Oktober 1530 wurde sodann der Kauf abgeschlossen, indem Adler das Schloss um 10 000 fl an Paumgartner abtrat. Die Uebernahme der Güter durch den neuen Besitzer und die Vereidigung der Untertanen hatte schon am 9. Juni stattgefunden, wobei Adler durch seine Schwiegersöhne Lucas Meuting und Franziskus Welser sich vertreten liess[3]). Hans Paumgartner erweiterte dieses Besitztum durch

---

Hans Paumgartners ist der schon mehrfach erwähnte Familienkodex (jetzt im Reichsarchiv), ein mächtiger Foliant mit schweren Holzdeckeln. Die Einträge sind auf Pergament durchweg von einer Hand geschrieben. Hans Paumgartner selbst hat diesen Kodex anlegen und in denselben Abschriften aller Urkunden eintragen lassen, die sich auf die Familie bezogen. Auch Urbare der erworbenen Herrschaften und die schon genannten Bergwerksrechnungen stehen hier.

[1]) Luitpold Brunner: Die Vöhlin von Frickenhausen, Freiherrn v. Illertissen u. Neuburg a. d. Kammel (in: Zeitschr. d. Hist. Vereins v. Schwaben u. Neuburg II [1875] S. 276).

[2]) Familienkodex fol. 329a. Das Schloss führte den Namen „Geyrenburg".

[3]) Ebenda: fol. 131a ff. Franz Welser, der Vater Philippine Welsers, war seit dem Jahre 1524 mit Anna Adler verheiratet (Warnecke a. a. O. S. 31). Lukas Meuting, der uns schon als Vertreter Hans Paumgartners d. Ae. in Schwaz begegnete, hatte seit dem Jahre 1502 Helena Adler zur Gemahlin (Warnecke a. a. O. S. 18).

Ankauf mehrerer Güter in den folgenden Jahren zu einer „Herrschaft Konzenberg".

Auf dem Wege der Pfandschaft kam Hans Paumgartner im Jahre 1533 in den Besitz des Schlosses Obenhausen, ebenfalls in der Markgrafschaft Burgau gelegen. Paumgartner hatte nämlich an den Hofzahlmeister Hans Angerer 3000 fl bezahlt und war ausserdem für 9000 fl auf das „schlesische Einkommen" verwiesen worden (1531). Als er daraus zwei Jahre lang nichts erhalten konnte, gewährte ihm Ferdinand als Entschädigung 600 fl und „verkaufte" ihm im Jahre 1533 das Schloss Obenhausen um 3600 fl. Paumgartner sollte ferner den burgauischen Forstmeister Konrad Rott, der auf Obenhausen 4500 fl stehen hatte, ablösen. Am 25. Januar 1538, nach Rotts Tod, erhielt dann Paumgartner die Herrschaft wirklich übertragen und lieh auf dieselbe am 25. April 1538 noch weitere 2000 fl. Der Gesamtkaufspreis betrug demnach 10 100 fl[1]).

Im Jahre 1533 erwarb Paumgartner das Schloss und Dorf Baumgarten, dessen Lehensherr Herzog Wilhelm von Bayern war. Der vorige Besitzer Jörg Argon, der letzte Spross eines alten Augsburger Kaufherrngeschlechts, hatte, als er starb, die Antoniuspfründe in Augsburg zu seiner Erbin eingesetzt[2]). Mit Herzog Wilhelms Erlaubnis verkauften deren Pfleger Ulrich Rehlinger und Hieronymus Imhof das Schloss Baumgarten am 23. August 1533 um 6000 fl an Hans Paumgartner[3]). Andere Güter Jörg Argons waren an König Ferdinand zurückgefallen, der sie seinem Rat Johann Zott schenkte. Es waren Besitzungen in der Nähe von Konzenberg und daher zur Abrundung des dortigen Paumgartnerschen Besitzes wohl geeignet. Daher verkaufte sie Zott mit Ferdinands und des Bischofs von Augsburg, als der Lehensherrn, Erlaubnis am 10. April 1534 um 10 000 fl an Hans Paumgartner, der Zott wohl darum ersucht hatte[4]).

[1]) Familienkodex fol. 245 a ff.

[2]) Vgl. zu Georg Argons Tod (September 1532) Clemens Sender in: Chroniken d. deutschen Städte 23 S. 338.

[3]) Familienkodex 62 a. Georg Argons Vorfahren hatten das St. Antoniusspital in Augsburg mit reichen Stiftungen begabt. (Clemens Sender a. a. O. S. 338 Anm. 4.)

[4]) Nach Sender (a. a. O. S. 338 Anm. 2) war es das Dorf Refingen, das damals an Zott und dann an Paumgartner kam. Johann

So setzten sich die neuaufstrebenden Kaufherrn in den Besitz der Güter alteingesessener absterbender Familien. Neue Geschlechter kamen empor, während die alten, die sich in die neue Zeit nicht schicken konnten, untergingen. Die Güterpolitik Paumgartners bringt uns noch einen interessanten Beleg für diese Art von Besitzwechsel.

Am Fuss der Alpen, unweit von Füssen, waltete seit Jahrhunderten das stolze Geschlecht der Schwangauer, das manchen tapferen Ritter und edlen Minnesinger hervorgebracht hatte. Jetzt war dies Geschlecht am Erlöschen[1]). Um das Jahr 1530 geboten Heinrich und Georg von Schwangau auf den herrlichen Schlössern Hohenschwangau und Schwanenstein. Nur der eine der beiden schon betagten Brüder — Georg — war vermählt, aber kinderlos geblieben[2]). Schon längst hatten sich Interessenten für das sich in naher Zukunft erledigende Reichslehen gefunden. Ferdinand selbst hatte die Schlösser einmal besichtigen lassen, aber aus Geldmangel musste er von dem Kauf abstehen. Jetzt richtete Hans Paumgartner sein Augenmerk auf dieses Kleinod landschaftlicher Schönheit. Wenn ihm diese glänzende Erwerbung gelang, dann stand er in nichts mehr hinter den Fuggern zurück. Noch zu Lebzeiten der beiden Schwangauer begann er die Unterhandlungen. Der mit Paumgartner befreundete kaiserliche Rat und Schatzmeister der Regentin Maria in den Niederlanden, Wolfgang Haller, erhielt in einer Urkunde (Saragossa, 16. Januar 1534) von Karl V. die Anwartschaft auf das Reichslehen Hohenschwangau im Falle des Ablebens der Inhaber. Später genehmigte der Kaiser (Madrid, 18. Februar 1535) sogar, dass die Schwangauer selbst noch bei ihren Lebzeiten das Lehen an Haller abtreten dürften[3]). Am 3. Juli 1535 stellten hierauf diese zugunsten Hallers eine Verzichturkunde auf das Lehen aus. Paumgartner hatte aber

Zott von Berneck war mit Paumgartner wohlbekannt, da er öfter im Auftrag Ferdinands nach Augsburg kam, um mit den Kaufleuten wegen Darlehen zu verhandeln.

[1]) Zum Folgenden vgl.: Karl August Muffat: Beschreibung u. Geschichte des Schlosses u. der ehem. Reichsherrschaft Hohenschwangau, München 1837, u. Joseph Frhr. v. Hormayr: Die goldene Chronik von Hohenschwangau, München 1842.

[2]) Georg v. Hohenschwangau war vermählt mit Johanna v. Argon, wohl einer Schwester des obengenannten Georg v. Argon.

[3]) Familienkodex fol. 159 a—160 b.

offenbar den Haller nur vorgeschoben, denn letzterer bat Karl V., alle seine Rechte an Hohenschwangau auf Paumgartner übertragen zu dürfen. Der Kaiser war in Anbetracht der vielen Verdienste um das Reich, die sich Hans Paumgartner erworben, damit einverstanden und erlaubte die Uebertragung (Neapel, 1. Dezember 1535)[1]). Inzwischen hatte sich Paumgartner mit den Schwangauern selbst wegen des Verkaufs ihrer Lehengüter und Allodien ins Benehmen gesetzt, und am 3. Juli 1535 kam dann der denkwürdige Kauf zum Abschluss. Um den Preis von 31 000 fl gingen sämtliche Besitzungen der Schwangauer an Hans Paumgartner über. Zu den Lehen gehörte ausser einem Wildpann, „die Vischenz von Füssen in dem Lech gen Schwangau wärts und das Gericht zu Waltenhofen", zu den Allodien „das Schloss Hohenschwangau mitsamt den andern zugehörigen Schlössern, Dörfern, Weilern und dem See". Der Kauf sollte unwiderruflich sein[2]). Am 16. Januar 1536 fand die Einantwortung und die Huldigung der Untertanen statt. Georg von Schwangau war inzwischen schon gestorben, sein Bruder folgte ihm bald darauf.

Während die Verhandlungen wegen Hohenschwangau noch schwebten, hatte Hans Paumgartner, der damals förmlich Jagd auf erledigte Güter machte, eine andere grosse Herrschaft in seinen Besitz gebracht — das im Donautal südwestlich von Ulm gelegene Erbach, ein vorderösterreichisches Lehen[3]). Ferdinand hatte den stattlichen, von einem Schloss gekrönten Ort im Jahre 1526 an Ulrich von Habsberg verpfändet. Nach dessen Tod suchten die Erben die Herrschaft zu verkaufen. Sie unterhandelten mit Hans Paumgartner, der den hohen Pfandschilling an sie hinauszahlte, worauf sie das Lehen an Ferdinand zurückgaben. Am 12. März 1535 verkaufte dann der König dasselbe um 40 000 fl an Hans

---

[1]) Familienkodex fol. 161 a—162 b.

[2]) Ebenda: fol. 164 a, b. Hormayr und Mutfat haben den Erwerb der Herrschaft durch Paumgartner bereits ausführlich behandelt, so dass wegen Einzelheiten auf ihre Darstellung verwiesen werden kann.

[3]) Ueber Erb(b)ach, auch Ellerbach genannt, vgl. Beschreibung des Oberamts Ehingen (Oberamtsbeschreibung von Württemberg 2), Stuttgart 1893 2. Teil S. 93 ff., ferner: Die Kunst- u. Altertumsdenkmale im Königreich Württemberg, hrsg. v. Eugen Gradmann. Inventar 45.—48. Lieferung: Donaukreis Oberamt Ehingen bearb. v. Hans Klaiber, Esslingen 1912 S. 66 ff.

Paumgartner und stellte es ihm als rechtes Mannlehen am 14. März zu[1]).

Nach diesen beiden grossartigen Erwerbungen hielt Paumgartner in den folgenden Jahren mit Güterkäufen zurück und suchte nur durch einige kleinere Flecken und Höfe die erworbenen Gebiete zu vergrössern und abzurunden. In das Jahr 1543 fällt dann nochmals ein grösserer Kauf durch Uebernahme der im Breisgau gelegenen Stadt Kenzingen samt dem dazugehörigen Burgstall Kürnberg. Nach Ausgang der dem Herrn von Hürnheim darauf gegebenen Pfandverschreibung sollten diese Gebiete an Gangolf von Geroldsegg gegen Erlegung des Pfandschillings fallen. Dieser trat dann mit König Ferdinands, des Lehensherrn, Zustimmung seine Rechte an Hans Paumgartner ab. Der Pfandschilling betrug 10 200 fl, die Paumgartner an den von Hürnheim bezahlte. Ausserdem lieh er Ferdinand noch 4500 fl auf die Herrschaft[2]).

Im Jahre 1546 vergrösserte Paumgartner seinen Besitz Hohenschwangau, indem er von dem Kloster Stams den grossen Zehnten zu Kätrichshausen, Bebenhausen und Seeg um 15 000 fl kaufte[3]).

Am Fuss der Alpen, an der Donau, am Rhein und in Südtirol dehnten sich so die Güter und Herrschaften Hans Paumgartners aus und brachten ihrem Inhaber neue Pflichten und Aufgaben, die dem Kaufmann bisher ferngelegen waren, die er aber mit Geschick anfasste. Zur Verwaltung der einzelnen Gebiete wurden Pfleger eingesetzt, die eine vielfach recht

---

[1]) Beschreibung des Oberamts Ehingen S. 97 u. Familienkodex fol. 201 a ff. Die Verkaufsverhandlungen schwebten bereits im Jahre 1534. Am 16. Februar 1534 genehmigt Ferdinand, dass Paumgartner die Herrschaft einnehme, bevor die Abrechnung abgeschlossen sei. Es geschah dies dann im März 1534. Am 19. Juni 1534 richtete der Rat der Stadt Augsburg an Herzog Ulrich v. Württemberg u. Landgraf Philipp von Hessen die Bitte, sie möchten bei der Wiedereroberung des Landes die Besitzungen Paumgartners schonen. (Augsbg. Stadtarchiv Litt. S.)

[2]) Innsbruck, Statthaltereiarchiv: Geschäft v. Hof (1543) fol. 30, 55, 148; ferner: Albert Krieger: Topographisches Wörterbuch des Grossherzogtums Baden I Sp. 1142. Ueber die Herren von Geroldsegg siehe Kindler v. Knobloch: Oberbadisches Geschlechterbuch I S. 433 ff.

[3]) Steichele: Das Bistum Augsburg IV S. 534. Die Orte liegen in der Nähe von Füssen.

selbständige Stellung einnahmen, wie z. B. Sigmund Rothut in Hohenschwangau und Michael Han in Konzenberg. In allen Paumgartnerschen Herrschaften sollte eine einheitliche Rechtsordnung eingeführt werden, die die Pflichten der Untertanen festsetzen und den Richtern bei der Urteilsfindung als Grundlage dienen sollte. Bei der Ausarbeitung derselben wurde Paumgartner unterstützt durch seinen Freund, den berühmten Juristen Ulrich Zasius[1]). Das Original dieses Rechtsbuches ist auf uns gekommen und wird jetzt unter den Handschriften der Münchener Hof- und Staatsbibliothek aufbewahrt[2]).

Der Zustand der Schlösser und Gebäulichkeiten in manchen Herrschaften entsprach nicht dem künstlerischen Geschmack des neuen Besitzers, der in glänzenden Neubauten den Reichtum seiner Familie zum Ausdruck bringen wollte. Vor allem wandte er Hohenschwangau seine Fürsorge zu. Von seinen dortigen drei Schlössern Vorder- und Hinter-Hohenschwangau und Schwanenstein[3]) liess er das letztere einreissen und an seiner Stelle durch italienische Baumeister und Architekten einen Neubau aufführen. Vom Jahre 1538 bis 1547 bauten italienische Künstler, um ein der neuen südländischen Stilrichtung entsprechendes Schloss an die Stelle des alten zu setzen. Die innere Einrichtung wird dem glanzvollen Aeusseren wohl entsprochen haben.

Nach Beendigung des Neubaus in Hohenschwangau ging Paumgartner daran, in seiner Herrschaft Erbach ebenfalls ein neues Schloss zu errichten. Die Vorarbeiten dazu wurden noch gemacht, über der Ausführung überraschte ihn der Tod. Er bestimmte jedoch in seinen letzten Lebenstagen, dass aus

---

[1]) Näheres siehe u. S. 86.

[2]) Cgm 1514.

[3]) Ueber die gegenseitige Lage der drei (nach Muffat S. 5 ff. vier) Schlösser vgl. die Angabe des zeitgenössischen Geographen Philipp Apian (Philipp Apians Topographie v. Bayern. Zur Feier des 700 jähr. Herrscherjubiläums des Hauses Wittelsbach hrsg. v. Histor. Verein v. Oberbayern. München 1880). Danach führte die westlich gelegene Burg den Namen Hohenschwangau (jetzt Neuschwanstein), die östlich gelegene den Namen Schwanenstein (das jetzige Hohenschwangau). Auf den Trümmern des einst von Hans Paumgartner neugebauten Schwanenstein errichtete der spätere König Maximilian II. in den Jahren 1832 ff. das Schloss Hohenschwangau. — Die Namen der italienischen Künstler siehe bei Hormayr a. a. O. S. 191.

seinem Gesamtvermögen 14 000 fl zur Vollendung der Bauten genommen würden[1]). Noch heute grüsst das doppelgieblige stattliche Schloss, an der Zugbrücke geziert mit dem Paumgartnerschen Wappen, ins Donautal in der Gestalt, die ihm nach des alten Paumgartners Tod sein Sohn Hans Georg gegeben.

Aber nicht nur für die Verschönerung seines Grundbesitzes war Hans Paumgartner tätig, sein Blick ging auch in die Zukunft. Die von ihm erworbenen Herrschaften sollten für immer bei seinem Namen und Stamm bleiben und ein sicherer, unentreissbarer Besitz seiner Familie werden. Schon im Jahre 1530 hatte er sich von Karl V. die Erlaubnis zur Errichtung eines Familienstatutes geben lassen. Im Jahre 1535, nachdem Erbach und Hohenschwangau in seinen Besitz gekommen waren, schrieb er an Zasius und bat ihn um Ratschläge für die Abfassung eines Statuts[2]). Inwieweit der genannte Jurist, der bereits im nämlichen Jahre starb, seinen Freund hierin noch unterstützen konnte, ist nicht bekannt. Erst im Jahre 1539 legte Hans Paumgartner dann die „Statuta familiae Paumgartnerorum" dem Kaiser zur Genehmigung vor, die dieser am 1. März 1539 erteilte[3]). Am 10. März 1541 erklärten die vier Söhne Paumgartners, Hans, Hans Georg, David und Anton, dass sie sich an die in der Familienordnung festgesetzten Bestimmungen halten wollten[4]). Hans Paumgartner erklärte darin seine sämtlichen erworbenen und noch zu erwerbenden Güter als Fideikommiss. Die weiblichen Glieder sollten von der Erbfolge ausgeschlossen sein und nur eine ziemliche Aussteuer und Heiratgut, „wie es beim Adel in Schwaben Brauch", erhalten. Alle Güter sollten bei den männlichen Nachkommen bleiben, und zwar sollte die Vererbung nicht per capita, sondern per stirpem erfolgen. Ausdrücklich wurde betont, dass keines der Güter als Pfand eingesetzt werden dürfe.

Dieses Statut schloss eine Entwicklung ab, die sich in dem

---

[1]) Hans Paumgartners Teilbrief im Geh. Staatsarchiv.

[2]) Jos. Ant. Rieggerus: Udalrici Zasii . . . epistolae, Ulmae 1774 S. 507.

[3]) Die Statuten sind enthalten im Familienkodex fol. 35 a—49 a in einer lateinischen und deutschen Fassung.

[4]) Familienkodex fol. 49 a—50 b. Zeugen dabei sind u. a. Herr Johann Zott von Perneckh zu Melanns, römischer Majestät Hofkammerrat, Wolfgang Rudolf v. Gabelbach, Christoph Gering, Lorenz Grieninger.

Jahrzehnt von 1530 bis 1540 in unserer Familie vollzogen hatte. Aus dem Bürger der freien Reichsstadt, dem Kaufmann und Bankier war ein Gutsherr und Lehenträger von Fürsten geworden. Karl V. erkannte diesen Wandel der Dinge an, indem er am 27. Juli 1543 die Familie in den Freiherrnstand erhob[1]). Er erinnert an die treuen Dienste, die Hans Paumgartner seinen Vorfahren und besonders ihm in den letzten Kriegen erwiesen. Die Familie soll sich in Zukunft nach ihren neuerworbenen Schlössern nennen dürfen, und, da sie wegen ihres alten Herkommens auch noch zu höheren Ehren erhoben werden können, so verleiht er ihnen den Stand der geborenen Herren und Fräulein und das Recht, auf ihren Schlössern und Herrschaften Münzen mit ihrem Wappen zu prägen.

Es war ein Aufstieg ohnegleichen, der damit seinen Abschluss fand. Paumgartner hatte erreicht, was ihm beim Blick auf seine Rivalen, die Fugger, immer heimlich vorgeschwebt. Wie diese, war auch er jetzt geadelt und seinem Geschlecht stand eine sichere glänzende Zukunft in Aussicht. „Freiherrn von Paumgarten zu Paumgarten, Konzenberg, Hohenschwangau und Erbbach", so lautete der stolze Titel, den Hans Paumgartner und seine Söhne von nun an führten, und ein Schwan schmückte das Wappen zum Zeichen, dass die Familie ein Besitztum erworben hatte, wie es ähnlich selbst Fugger nicht besass.

Die Standeserhebung brachte bald eine Veränderung der Gesinnung mit sich, soweit diese nicht schon als treibendes Moment vorher dagewesen war. Mit stolzer Verachtung blickte man nun auf das Bürgertum herab und suchte Beziehungen zum Landadel, in dessen Reihen man eingetreten war. War es bisher üblich gewesen, unter den städtischen Patriziern und Kaufleuten Schwiegersöhne und Schwiegertöchter zu suchen, so änderte sich jetzt diese Heiratspolitik. Auch Hans Paumgartner suchte für seine Kinder im schwäbischen Adel passende Partien. Regina Paumgartner heiratete im Jahre 1532 Christoph von Knöringen, der einem reichbegüterten Geschlecht angehörte[2]). Der älteste Sohn Hans vermählte sich am 3. Januar 1537 mit Anna von Stadion, einer Nichte des regierenden Augsburger Bischofs[2]). Der jüngste Sohn David führte Ursula aus dem

[1]) Familienkodex fol. 30 a—34 a.

[2]) Warnecke: Hochzeitsbuch S. 37 u. S. 40. Welcher Aufwand bei solchen Hochzeiten gemacht wurde, und mit welcher Ge-

6*

Geschlecht der Freiberge von Eissenberg im Jahre 1547 heim. Dem Landadel waren solche Verbindungen mit den neugeadelten Angehörigen der Grossfinanz sehr willkommen, da sie ihm die stets leeren Kassen mit Geld füllten.

Die glänzende Entwicklung, die wir bisher verfolgt haben, barg aber doch eine Gefahr in sich, wenn wir an das kaufmännische Geschäft zurückdenken, das ja, wie wir wissen, ohne Unterbrechung weitergeführt wurde. Mit Besorgnis fragen wir, ob bei den veränderten Verhältnissen der alte Handelsgeist frisch blieb. Zu gross war die Verlockung, die Gewohnheiten des Adels anzunehmen und über den gesellschaftlichen Verpflichtungen die wichtigsten geschäftlichen Aufgaben zu vernachlässigen. Solange Hans Paumgartner lebte, bestand in dieser Hinsicht keine Gefahr. Ob aber die nächste Generation, die bereits nicht mehr in der harten Schule des Handels aufwuchs, Kraft genug besass, um auch in ernsten Zeiten das Geschäft auf der Höhe zu erhalten, das ist eine Frage, die sich uns beantworten wird, wenn wir zu der Geschichte der dritten Generation unserer Familie uns wenden. Zunächst gilt es noch, Hans Paumgartners Verdienste um die Wissenschaft und seine politische Tätigkeit näher zu betrachten.

e) Hans Paumgartner als Freund des Humanismus.

Es war zu allen Zeiten das edle Vorrecht der Reichen, Beschützer und Gönner von Kunst und Wissenschaft zu sein. Auch Hans Paumgartner fand trotz der immer weiteren Ausdehnung seiner Geschäfte und dem wachsenden Kreis von

sinnung der gemeine Mann in Augsburg über diesen Prunk urteilte, zeigt die Chronik des Augsburger Malers Georg Preu (Chroniken d. deutschen Städte 29 S. 50 u. S. 78). Die zuletzt angegebene Stelle lautet: „Item adj 29. jenner ist Hans Baumgartner sampt seinem sun zu einer von Stadion verheirat worden, welche ains bischoffs zu Augspurg brueders tochter gewest; ist die hochzeit zu Dillingen gehalten worden ... Also hat man am 6. hornung ain gross mal mitsambt den freundten und darnach ain kostlichen dantz, [wie] der in langer Zeit nie gesehen ist worden, mit berlen, goldt, silber, edlen stainen, halsbanden, ringen, sammat, damascat, atlass und von zoblnfuttern; da was kain tadl, in kainer hoffart nichts gespart. Item adj 7. hornung ritt das hochtzeitvolck wider heim mit grossen Freuden." Noch drastischer ist die andere Stelle a. a. O. S. 50.

Aufgaben und Pflichten, die an ihn herantraten, noch Musse, die wissenschaftlichen und literarischen Bestrebungen seiner Zeit zu verfolgen. Im Umgang mit den Gelehrten suchte der reiche Kaufherr Erholung; er scheint aber auch für einzelne Zweige der Wissenschaft persönliches Interesse gehabt zu haben. Augsburg, die Stadt eines Peutinger, mit dem Paumgartner verwandt war, und eines Adelmann von Adelmannsfelden, bot in dieser Hinsicht mannigfache Gelegenheit. Auch im Kloster zu St. Ulrich fand der Humanismus eifrige Pflege durch Männer wie Veit Bild und Otmar Nachtigall (Luscinius)[1]. Mit ihnen trat Paumgartner wohl in mannigfache Beziehung. Aber sein Verkehr beschränkte sich nicht auf die einheimischen Gelehrten. Er war auch befreundet mit Wilibald Pirkheimer, wie aus einem Brief hervorgeht, den Paumgartner im Jahre 1530 an den Humanisten schrieb. Pirkheimers Tochter, Felizitas, hatte mit ihrem Gatten Hans Kleeberg in unglücklicher Ehe gelebt, ja nach ihrem Tod erhob der alte Pirkheimer gegen seinen Schwiegersohn den schweren Vorwurf, dass er den Tod der Gattin selbst verschuldet habe. Da griff nun Hans Paumgartner, der gemeinsame Freund Kleebergs und Pirkheimers, ein und suchte in einem Brief (18. Juni 1530) eine Versöhnung herbeizuführen, indem er Kleeberg gegen die Anschuldigungen Pirkheimers in Schutz nahm[2].

Ausgesprochene Neigung brachte Hans Paumgartner der aufblühenden Rechtswissenschaft entgegen. Mit ihrem bedeutendsten Vertreter in Deutschland, Ulrich Zasius, dem

---

[1]) Konrad Peutinger war bekanntlich mit einer Welser verheiratet. Ueber den Humanismus in Augsburg vgl. L i e r: Der Augsburger Humanistenkreis mit besonderer Berücksichtigung Bernhard Adelmanns von Adelmannsfelden (in: Ztschr. d. Hist. Ver. f. Schwaben u. Neuburg Jhrg. 1880 S. 68 ff.) u. T h u r n h o f e r, Franz Xaver: Bernhard Adelmann von Adelmannsfelden, Humanist u. Luthers Freund (1457 bis 1523) in: „Erläuterungen u. Ergänzungen zu Janssens Geschichte des deutschen Volkes. Herausgegeben von Ludwig P a s t o r II. Bd., 1. Heft. Ueber Peutinger unterrichten jetzt am besten die Peutinger-Studien von Erich K ö n i g (Studien u. Darstellungen a. d. Gebiet der Geschichte. Im Auftrag der Görres-Gesellschaft . . . herausgegeben von Hermann G r a u e r t. IX. Bd., 1. u. 2. Heft).

[2]) Dieser Brief Paumgartners an Pirkheimer wird erwähnt von Richard E h r e n b e r g in seinem Aufsatz: „Hans Kleeberg, der gute Deutsche," in: Mitteilungen d. Ver. f. Gesch. der Stadt Nürnberg, Bd. IX S. 15.

„Humanisten unter den Juristen", verband ihn eine innige Freundschaft, von der mehrere Briefe Zeugnis geben. Ein Rechtsstreit, in dem Paumgartner sich bei Zasius Rat erholt hatte, gab den Anlass zu der näheren Bekanntschaft. Durch ein reiches Geschenk zeigte sich der Kaufmann dem Gelehrten dafür erkenntlich[1]). Wir haben bereits oben erwähnt, wie Paumgartner sich dann weiterhin an den Juristen wandte, als er daran ging, für seine Besitzungen Rechtsordnungen und Statuten auszuarbeiten. Am 17. Oktober 1535 übersandte er ihm ein kürzlich (am 5. Mai) aufgerichtetes Testament und bat ihn um ein Gutachten darüber. Gleichzeitig ersuchte er Zasius um Ratschläge für die Errichtung eines Familienstatuts, doch sollte dieser die Sache geheimhalten[2]). Da der gelehrte Jurist bereits am 24. November 1535 starb, wird er nur geringen oder gar keinen Anteil an der Ausführung des Planes gehabt haben. Er hatte aber bereits vorher dem Freunde durch Zueignung seines Werks „Usus feudorum" die Mittel an die Hand gegeben, um sich auf dem Gebiet des Lehensrechtes zu orientieren. Bereits im Jahre 1534 hatte Zasius beschlossen, Paumgartner dieses Werk zu widmen, wie er mehrmals seinen Freunden (z. B. Amerbach) mitteilt[3]), aber erst an Pfingsten 1535 übersandte er es ihm mit einer schmeichelhaften Widmungsepistel zu[4]). Er preist darin Paumgartners Freigebigkeit gegen die Armen und rühmt den Glanz seines Hauses sowie die sorgfältige Erziehung, die er seinen Söhnen angedeihen lasse. Um sich für empfangene Wohltaten dankbar zu erweisen, zugleich aber, damit Paumgartner aus dem Werke für die Verwaltung seiner Güter (er nennt ausdrücklich das kürzlich erworbene Erbach) Nutzen ziehen könne, eigne er ihm dieses zu.

---

[1]) Paumgartner war bereits im Jahre 1530 mit Zasius bekannt (siehe ff. S.). Im Jahre 1532 vermittelte er Briefe des Viglius von Zwichem an Zasius. Riegger: Udalr. Zasii epp. S. 399. Ueber Zasius vgl. R. Stintzing: Ulrich Zasius. Ein Beitrag zur Geschichte der Rechtswissenschaft im Zeitalter der Reformation, Basel 1857 bes. S. 293.

[2]) Riegger a. a. O. S. 507. Kurz zuvor war der Kauf von Hohenschwangau gelungen.

[3]) Riegger a. a. O. S. 223, 227, 229.

[4]) Diese steht sowohl an der Spitze des Werkes von Zasius: Usus feudorum epitome, Basel 1535, als auch bei Riegger a. a. O. S. 431 und ist datiert v. 13. Juni 1535.

Nach Ulrich Zasius' Tod übertrug Paumgartner seine Verehrung für den grossen Juristen auf dessen Sohn Johann Ulrich. Er liess diesen zusammen mit seinen eigenen Söhnen in Italien studieren und sorgte auch weiter für seine Zukunft. Der junge Zasius erwies sich des Vertrauens, das sein Gönner in ihn gesetzt hatte, würdig. Er wurde später kaiserlicher Rat und Nachfolger Selds als Reichsvizekanzler unter Kaiser Maximilian II[1]).

Durch Zasius' Vermittlung suchte Hans Paumgartner die Freundschaft des Desiderius Erasmus zu gewinnen, um sich rühmen zu können, dass er mit dem ersten Gelehrten Europas in Beziehung stehe. Auch hier wollte er nicht hinter Anton Fugger zurückbleiben, der bereits die Freundschaft des Erasmus genoss. In einem Brief an Zasius sprach Paumgartner den Wunsch aus, mit Erasmus bekannt zu werden und von ihm ein Buch gewidmet zu erhalten. Doch solle der Anschein erweckt werden, als habe Erasmus aus eigenem Antrieb und aus Bewunderung für Paumgartner sich zu der Widmung entschlossen. Zasius teilte Paumgartners Begehren am 6. Februar 1532 dem Erasmus mit[2]), worauf dieser bereits am 8. Februar an den Augsburger Kaufherrn schrieb und ihm seinerseits seine Freundschaft anbot[3]). Schon vor zwei Jahren, als er einmal bei Zasius zu Gaste gewesen, schreibt Erasmus, und von dem edlen Wein gekostet habe, den Paumgartner dem Zasius verehrt, sei er begeistert worden für den Spender. Inzwischen habe ihm dann Zasius weiter in so ehrenden Worten über Paumgartner gesprochen, dass er selbst wünschen müsse, zu ihm in nähere Beziehung zu treten. Auf des Zasius Aufforderung hin habe er es nun gewagt, an Paumgartner zu schreiben. Mit Freuden nahm dieser des Erasmus Brief auf, der seiner Eitelkeit Genüge tat, und er war eifrig bedacht, diese berühmte Freundschaft zu pflegen und zu befestigen. Er erwiderte den Brief und fügte als Geschenk ein Stück gediegenes Gold bei,

[1]) Allg. deutsche Biogr. Bd. 44 S. 706. Paumgartner machte auch für Joh. Ulr. Zasius im März 1547 den Heiratsvermittler, indem er ihn mit der Tochter des Augsburger Kaufherrn Wolfgang Neithart zu vermählen suchte. R. Stintzing hat 1857 die Briefe des jüngeren Zasius an Bonifatius Amerbach herausgegeben. In Brief 2 weiht Zasius den Freund in diese Heiratsangelegenheit ein.

[2]) Förstemann-Günther: Briefe an Desiderius Erasmus (Beihefte z. Zentralbl. f. Bibliothekswesen XXVII S. 197).

[3]) Erasmi opera omnia ed. Clericus T. III 1430 F.

was den Humanisten zu einem feinsinnigen Dankbrief veranlasste[1]). Den zweiten Wunsch Paumgartners erfüllte Erasmus am 1. März 1533, indem er ihm einige Homilien des Chrysostomus, die er damals herausgab, zueignete. In der Widmungsepistel preist er Paumgartners Liebe zu den Wissenschaften und hebt rühmend hervor, dass er ebenso wie Anton Fugger sein Geld recht verwende. Er entschuldigt sich, dass er einem Laien ein geistliches Werk widme, weist aber auf die nahe Fastenzeit hin, in der seinem Freunde vielleicht solche Lektüre willkommen sei[2]). Paumgartner sandte hierauf dem Humanisten einen goldenen Becher als Gegengeschenk[3]).

Man wird es den Gelehrten jener Tage, in denen Verlegerhonorare noch nicht üblich waren, nicht zum Vorwurf machen können, wenn sie sich bei den reichen Kaufherren in Gunst zu setzen suchten und in der Hoffnung auf reiche Geschenke ihnen Weihrauch streuten. Spendeten doch jene Mäzene gern von ihrem Reichtum an die Humanisten, die dazu beitrugen, dass ihre Namen bei Mit- und Nachwelt bekannt wurden. So kargte auch Erasmus nicht mit seinen Lobeserhebungen zum Preis der Familie Paumgartner. Besonders interessant ist nach dieser Richtung sein Brief an den spanischen Theologen Johannes Vergara (19. November 1533), in dem er diesen mit seinem neuen Augsburger Freunde bekannt macht[4]). Erasmus gedenkt zunächst des Ablebens Wilhelm Warams, des Erzbischofs von Canterbury, dessen Tod ihn tief betroffen habe. Ueber den Verlust dieses Freundes könne ihn nur der Gedanke an seinen tüchtigen Nachfolger (Thomas Cranmer) und der Umstand trösten, dass er in Augsburg einige Freunde neu ge-

---

[1]) Erasmi opera a. a. O. 1435 B. Anspielend auf Paumgartners Tiroler Bergwerke beginnt Erasmus den Brief mit den Worten: Utinam ex ingenii mei vena tam facile aliquod depromere liceat, vir clarissime, quam tibi proclive est e terrae venis munus nostra dignum amicitia.

[2]) Aliquot Homiliae Divi Joannis Chrysostomi, ad pietatem summopere conducibiles nunc primum et versae et editae per Erasmum Roterodamum. Basileae 1533.

[3]) Brief des Erasmus an Paumgartners Sohn Johann Georg vom 12. Mai 1533. Erasmi opp. III. 1469 A.

[4]) Erasmi opp. III 1480 F. Johannes Vergara, geb. in Toledo, spanischer Theologe, den Hadrian VI. als Mitglied der Bibelübersetzungskommission wählte. Zur Vorgeschichte dieses Briefes vgl. Beihefte z. Zentralbl. f. Bibliothekswesen XXVII S. 239.

wonnen habe, die jene Lücke ausfüllen würden, nämlich Christoph von Stadion, den Bischof von Augsburg, Anton Fugger und Hans Paumgartner[1]). Mit der Persönlichkeit des letzteren beschäftigt sich nun der ganze weitere Brief, der fast den Charakter einer kleinen Abhandlung annimmt. Um seinem Freunde in Spanien ein klares Bild von dem berühmten Augsburger Kaufmann zu geben, schildert er eingehend dessen Verdienste um den Kaiser und verweilt dann bei der Darlegung der Familienverhältnisse Paumgartners. Wie Zasius, rühmt auch er die sorgfältige Erziehung, die Paumgartner seinen Söhnen angedeihen liess[2]) und kommt dann auf die Gütererwerbungen zu sprechen, worauf der Schluss des Briefes in einen Panegyricus auf Paumgartners Tugenden ausläuft: „Abundat Germania magnis et excellentibus viris, sed utinam quam plurimos haberet Paumgartnero pares . . . Felix Germania tali heroe; Felix ego tali amico, quo cum mihi sunt omnia communia"[3]). Trotz solcher begeisterten Worte kam es wohl nie zu einer persönlichen Bekanntschaft der beiden Männer. Am 26. Oktober 1533 hatte Erasmus dem Hans Paumgartner zum Erwerb von Erbach gratuliert, worauf ihm dieser in einem Dankbrief (28. November 1533) die Zusendung eines Geschenkes in Aussicht stellte[4]). Ende Januar 1534 liess dann Paumgartners Sekretär Gering im Auftrage seines Herrn an den Humanisten eine Sendung Wein abgehen[5]). Der letzte Brief Paumgartners an Erasmus berührte nochmals den Namen des verstorbenen Zasius[6]). Paumgartner teilte hierin (25. Juni 1536) dem Humanisten mit, dass er den Sohn des Zasius auf seine Kosten studieren lasse, da er seine Freunde nicht nur zu ihren Lebzeiten, sondern auch noch über den Tod hinaus zu ehren pflege. Die allernächste Zukunft gab diesen Versicherungen Paumgartners noch eine besondere Bedeutung, denn bereits am 12. Juli 1536 starb auch Erasmus.

---

[1]) Derselbe Gedanke kehrt wieder in einer Widmung des Erasmus an Christoph von Stadion, mit der er diesem im Jahre 1535 seinen „Ecclesiastes" übersandte.

[2]) Näheres siehe u. S. 101 ff. Irrigerweise nennt Erasmus hier Paumgartners jüngsten Sohn Daniel statt David.

[3]) Erasmi opp. III 1484.

[4]) Beihefte zum Zentralbl. f. Bibliothekswesen XXVII S. 230.

[5]) Ebenda S. 237. Noch ein zweites Mal (29. Januar 1535) erfreute Paumgartner den Erasmus mit einer Sendung Wein. Ebenda S. 257.

[6]) Erasmi opp. III 1773 B.

Die Erziehung seiner Söhne brachte Paumgartner in der Folge noch in Verbindung mit verschiedenen anderen Gelehrten, so mit Alciatus, Viglius von Zwichem u. a. Für sie alle stand sein gastliches Haus, wenn sie nach Augsburg kamen, offen, und keiner verliess es, der nicht dort reich bewirtet und beschenkt worden wäre.

f) Hans Paumgartners Anteil an der hohen Politik[1]).

Das Jahrzehnt von 1530 bis 1540 hatte unserer Familie eine Reihe glänzender Erfolge gebracht. Eine stattliche Anzahl von Gütern nannte sie jetzt ihr eigen, unter denen Hohenschwangau als besonderes Kleinod glänzte. Die Reihe wichtiger Privilegien, die sie nacheinander vom Kaiser erlangt hatte, fand ihren krönenden Abschluss im Jahre 1543 durch die Erhebung in den Freiherrnstand. Die Geldgeschäfte, die Hans Paumgartner mit den Habsburgern abschloss, führten ihn häufig an den Wiener Hof, wo er auch Gelegenheit hatte, die Bekanntschaft der staatsmännischen Persönlichkeiten seiner Zeit zu machen. Die kaufmännische Tätigkeit zwang ihn, der Entwicklung der politischen Verhältnisse Europas sein Augenmerk zuzuwenden. Seine Vertreter an allen bedeutenderen Plätzen hielten ihn stets über die wichtigeren Vorgänge auf dem laufenden, so dass er oft rascher mit den Ereignissen bekannt wurde als selbst die leitenden Staatsmänner. Kein Wunder, wenn er daher jetzt, nachdem er die Zukunft seiner Familie gesichert sah, seine einflussreiche Stellung dazu benützte, um mithandelnd in die Politik einzugreifen und auf den Gang der Ereignisse in seinem Sinne einzuwirken. Die nähere Veranlassung dazu gaben ihm die Vorgänge in seiner Vaterstadt Augsburg.

Wie Hans Paumgartner d. Ae., hatte sich auch sein Sohn gemäss der Augsburger Verfassung an die Kaufleutezunft anschliessen müssen, in der er von 1520 bis 1536 als Zwölfer tätig war[2]). Höhere Aemter bekleidete er niemals, um nicht in

[1]) Die Grundlage für die folgende Darstellung bildet Friedrich Roths ausgezeichnetes vierbändiges Werk: Augsburgs Reformationsgeschichte. München 1901 ff.

[2]) Augsburg, Stadtarchiv: Zunftbuch der Kaufleute.

seinem kaufmännischen Beruf behindert zu sein. Wie für Jacob und Anton Fugger, war auch für ihn die Handelsmetropole Augsburg vor allem der günstigste Platz zur Ausübung seiner Geschäfte. Besondere Liebe zu seiner Vaterstadt dürfen wir bei ihm nicht suchen. Gesellschaftlich gehörte er mit seiner Familie, wie wir schon erwähnten, zu den „Mehrern," die mit dem Patriziat in naher Verbindung standen. Als dann 1538 neue Familien ins Patriziat aufgenommen wurden, gehörten auch die Paumgartner zu den Auserwählten[1]).

Die Familie war so äusserlich in der Stadt geehrt, aber innerlich mit ihr zerfallen. Die Augsburger Bürger hassten die „grossen Hansen", in denen sie nur Wucherer sahen, die durch ihre Monopole die Lebensmittel verteuerten und sich so auf Kosten der kleinen Leute bereicherten. Anderseits war den Grosskaufleuten das zünftische Regiment ein Greuel. Dazu kam dann noch besonders die Art, wie man sich in Augsburg zur Hauptfrage der Zeit, der religiösen, stellte. Von Anfang an war die Stadt der neuen Lehre zugetan gewesen. Die Paumgartner jedoch blieben, wie die meisten andern Grosskaufleute, katholisch, da sie als Besitzende an sich schon einer konservativen Anschauung huldigten. Auch fanden sie für ihre Handelsinteressen auf katholischer Seite damals mehr Verständnis als bei den Reformatoren, die bekanntlich den Kaufleuten nicht gewogen waren[2]). Endlich fielen für ihre Haltung auch noch die nahen Beziehungen ins Gewicht, die sie zu den Habsburgern, der katholischen Vormacht Deutschlands, hatten.

Die religiöse Bewegung hatte in Augsburg somit ihren hauptsächlichsten Rückhalt in den Zünften, also mehr bei den Handwerkern und kleinen Leuten, die auch vor gewalttätigem Vorgehen bei der Einführung der Reformation nicht zurückgeschreckt waren. Als dann vollends im Jahre 1537 der Rat durch Vertreibung des Bischofs und der katholischen

---

[1]) Ihre einstige Zugehörigkeit zum Nürnberger Patriziat und die Tatsache, dass sie schon seit 50 Jahren in Augsburg zu den Herrengeschlechtern geheiratet, machte ihre Aufnahme möglich. Vgl. Dirr: Kaufleutezunft und Kaufleutestube in Augsburg zur Zeit des Zunftregiments (1368—1548), in: Ztschr. d. Hist. Ver. f. Schw. u. Nbg. 35 S. 138 ff. — Derselbe: Zur Gesch. der Augsb. Zunftverfassung: Ebenda, Bd. 39.

[2]) Luther bekämpfte bekanntlich in seiner Schrift: Von Kauffshandlung und Wucher, Wittenberg 1524, das Zinsnehmen und die Monopolien der Kaufleute aufs schärfste.

Geistlichkeit das Papsttum in der Stadt ausrottete und den katholischen Kultus verbot, musste dies den streng katholischen Paumgartner besonders erbittern. Er hielt sich seitdem häufig von der Stadt fern, begab sich an den Hof des Kaisers oder lebte auf seinen Schlössern. Sein Bestreben ging dahin, dem Katholizismus und der kaiserlichen Partei in Augsburg wieder zum Siege zu verhelfen. In diesem Sinne griff er seit dem Jahre 1539 aktiv in die Politik ein.

In der Periode von 1530 bis 1544 suchten Karl V. und Ferdinand auf friedlichem Wege die Parteien wieder zu vereinigen und die Protestanten zur alten Lehre zurückzuführen. Das Konzil und die in Deutschland abgehaltenen Religionsgespräche zu Hagenau, Worms und Regensburg sind verschiedene Versuche gewesen, eine solche friedliche Einigung zu erzielen. Auch mit Augsburg stand der Minister Karls V., Granvella, in Unterhandlungen, die in seinem Namen Hans Paumgartner führte[1]). Dieser suchte den ihm befreundeten Bürgermeister Wolfgang Rehlinger für sich zu gewinnen, der seit 1533 die Fäden der städtischen Politik in seiner Hand vereinigte[1]). Obwohl Lutheraner, glaubte Rehlinger doch eine kaiserfreundliche Politik treiben zu können. Seine dahingehenden Bestrebungen fanden aber in der Stadt, die seit 1536 dem Schmalkaldischen Bund angehörte, keinen Anklang und man verübelte ihm besonders seine häufigen Unterredungen mit Paumgartner, in dem man schon längst einen Feind und Verräter der städtischen Interessen zu sehen glaubte. Paumgartner berichtete über die mit Rehlinger geführten Unterhandlungen im Jahre 1540 mehrmals an Granvella und an den an Helds Stelle getretenen Vizekanzler Karls V., Johann von Weeze, Erzbischof von Lund. Karl V. sandte dann Paumgartners Berichte an seinen Bruder Ferdinand zur Begutachtung[2]). Dieser, der die Beziehungen des Kaufmanns zu Frankreich kannte, zweifelte, wohl ohne Grund, an Paumgartners Aufrichtigkeit und seiner katholischen Gesinnung

---

[1]) Roth a. a. O. III S. 20. Ueber Wolfgang Rehlinger vgl. Roth II S. 150 ff. und III S. 45 ff.

[2]) Nuntiaturberichte aus Deutschland nebst ergänzenden Aktenstücken 1. Abt. 5. u. 6. Bd., im Auftrage des Kgl. Preussischen Historischen Instituts in Rom bearb. v. Ludwig Cardauns, Bd. 6 S. 320, 326, 328 ff. und Einleitung S. XC Anm. 3.

und hatte auch sonst Bedenken gegen seine Vorschläge[1]). Er schrieb daher an Karl V. zurück, dass er Paumgartners Sohn Johann Georg, der in Geldgeschäften bei ihm gewesen sei, aufgetragen habe, mit seinem Vater zu sprechen und ihm des Königs Bedenken vorzutragen.

Im November 1540 weilte Hans Paumgartner selbst am Wiener Hof, wo er mit dem Sekretär des päpstlichen Nuntius in Wien, Confallonero, ein interessantes Gespräch führte, über das dieser seinem Herrn berichtet[2]). Die Unterhaltung drehte sich um die Religionsgespräche, wobei Paumgartner die Ansicht äusserte, man müsse besonders darauf sehen, dass Melanchthon dabei ausgeschaltet werde, da dieser der Unnachgiebigste von allen Gelehrten sei. Er sei auch schuld gewesen, dass in Augsburg (1530) und in Regensburg (1532) keine Einigung zustande kam — eine recht eigenartige Ansicht über den Reformator, den man sonst als den Versöhnlichsten anzusehen gewohnt ist. Es zeigt von einem geringen Verständnis für die religiösen Probleme, welche die Zeit bewegten, ist aber charakteristisch für den Kaufmann, wenn er bald darauf (am 26. Januar 1541) zu Confallonero die Ansicht äusserte, man solle versuchen, Melanchthon und Buzer durch Bestechung zu gewinnen[3]). Paumgartner betonte seine Ergebenheit gegen den römischen Stuhl und bot seine Dienste an, wenn man die genannten Reformatoren durch Geldgeschenke zur Ruhe und Unterwerfung bringen wolle. Die Vermittlung könnte am besten sein Verwandter Rehlinger übernehmen, auf den Melanchthon grosse Stücke halte. Der Vertreter des Papstes zeigte sich jedoch charaktervoller als der Kaufmann und wies mit vornehmer Entrüstung dieses Projekt als der Kurie unwürdig zurück. Jene seien, so entgegnete er dem Kaufmann, schon so lange hartnäckig auf ihrer Meinung bestanden, dass eine Bekehrung wohl nicht zu erwarten sei. Und wenn sie wirklich in den Schoss der Kirche zurückkehrten, so müssten sie es um der Wahrheit und ihres Seelenheils willen tun, sonst seien sie charakterlose Menschen, mit denen der Papst und seine Diener

---

[1]) Es ist die schon oben S. 71 angeführte Stelle: Nuntiaturberichte a. a. O. S. 328.

[2]) Nuntiaturberichte a. a. O. S. 203 ff. (6. Bd.).

[3]) Ebenda S. 227. Von anderen Bestechungsversuchen, die natürlich auch keinen Erfolg hatten, erzählt Roth Bd. II S. 39 u. 164.

nichts zu tun haben wollten[1]). Es war dies die rechte Antwort auf ein solches unwürdiges Ansinnen, das eben nur der Ausdruck war einer materiell gerichteten Weltanschauung, die nichts Höheres als das Geld kannte.

Auf dem Reichstage zu Regensburg (März bis Juli 1541)[2]) drang Paumgartner dann weiter in Rehlinger, um ihn auf die Seite des Kaisers zu ziehen. Auch auf die anderen Vertreter Augsburgs, Gereon Sailer und den Stadtschreiber Fröhlich, suchte er einzuwirken[3]). Sailers und Fröhlichs Berichte sind voll Aerger und Klagen über diese Praktiken Paumgartners, „der ein ärgerer Feind des Evangeliums sei als alle Bischöfe in Deutschland". Der Stadtschreiber wurde sogar verdächtigt, dass er sich durch Paumgartnersches Geld habe bestechen lassen[4]). Mit Misstrauen verfolgten die Augsburger Rehlingers Verhalten, der, wie sie glaubten, durch Paumgartner schon ganz für den Kaiser gewonnen sei und eine der Stadt feindselige Politik treibe. Man tat damit diesem, wie Roth auseinandersetzt, wohl unrecht. Der beständigen Verdächtigungen überdrüssig, sagte Rehlinger, der ein überzeugter Lutheraner war und zugleich gut kaiserlich gesinnt sein wollte, das Bürgerrecht in Augsburg auf (20. Dezember 1543) und siedelte nach Strassburg über[5]). Weil er eine kaisertreue Politik im Interesse seiner Vaterstadt gelegen hielt und bei Paumgartner darin

---

[1]) Nuntiaturberichte Bd. 6 S. 228. Das Gespräch Paumgartners mit Confallonero ist zum Teil wörtlich von letzterem wiedergegeben worden in seinem Bericht an Morone.

[2]) Auf diesem Reichstage war bekanntlich als päpstlicher Legat Contarini anwesend, für den Paumgartner Geld aus Venedig übermittelte. (Fr. Dittrich: Regesten u. Briefe des Kardinals Gasparo Contarini 1483—1542, Braunsbg. 1881, S. 167 Regest. Nr. 665.)

[3]) Ueber diese beiden in der Augsburger Geschichte in jener Zeit bedeutungsvoll hervortretenden Männer vgl. Roth a. a. O. III. S. 4 mit den Anmerkungen.

[4]) So schreibt Sailer am 19. August 1543 an den Landgrafen Philipp von Hessen (Lenz: Briefwechsel Landgraf Philipps d. Grossmütigen von Hessen mit Bucer, 3. Teil, Leipzig 1891, in: Publikationen aus den Kgl. Preussischen Staatsarchiven Bd. 47 S. 316): So pefind ich aber, das ime (dem Stadtschreiber) das geld so lieb ist, das er auch von desselben wegen thuet, was man an ine muet; sorg gentzlich er hab durch den Rochlinger und aus des Paumgartners seckel ain kefer geschlickht, der in anderst mache dann er sein sulle.

[5]) Roth III, S. 216 ff.

Unterstützung fand, war er auf dessen Ideen eingegangen; in religiösen Fragen ging er ganz andere Wege als jener, der gewiss nicht richtig urteilt, wenn er von Rehlinger sagt: „qual è tenuto per gran Lutherano et nondimeno nel core è bon catholico"[1]).

Paumgartner hatte, wie wir gesehen, Rehlinger nicht für die katholische Sache gewinnen können, ebensowenig hatte er Erfolg mit seinem Bestreben, den Landgrafen von Hessen und Schertlin von Burtenbach auf die Seite des Kaisers zu ziehen. Schon auf dem Reichstag zu Regensburg hatten sich dahingehende Verhandlungen, abgespielt und Philipp von Hessen hatte damals wirklich eine Annäherung an Karl V. gesucht und einen Vertrag abgeschlossen, der aber nur politische Dinge berührte. Damals war Granvella an Philipp auch schon mit der Aufforderung herangetreten, er solle den Kaiser in dem Kriege gegen Jülich unterstützen[2]). Als dann 1543 der Kaiser gegen Jülich und Frankreich rüstete, wurden diese Bemühungen fortgesetzt. Am 21. Januar 1543 kam Granvella nach Augsburg und suchte zusammen mit Paumgartner auf Schertlin von Burtenbach, den Vertrauten Philipps, einzuwirken. Nach der Abreise Granvellas fuhr Paumgartner allein fort, Schertlin zu bearbeiten, bis dann im Mai Granvella und der kaiserliche Rat Liera nach Schluss des Nürnberger Reichstages wieder nach Augsburg zurückkehrten. Mit vereinten Kräften drangen nun Paumgartner, Granvella und Liera in Schertlin und Gereon Sailer. Man liess es an Versprechungen nicht fehlen und Paumgartner sparte auch sein Geld nicht, um Philipp von Hessens Augsburger Freunde zum Anschluss an den Kaiser zu bewegen. Wir sind durch Sailers Briefe an Philipp aufs genaueste unterrichtet über alle diese Versuche der Kaiserlichen[3]). Wir können hier aber nicht näher auf diese kleinliche, von gegenseitiger Gehässigkeit diktierte Politik eingehen, wo einer den andern auszuhorchen suchte und die Erbitterung dadurch noch ge-

---

[1]) Auch gegen den in Strassburg weilenden Rehlinger setzte Sailer seine Verdächtigungen fort, dass er in städtefeindlichem Sinne agitiere. Lenz a. a. O. S. 415: Her Jacoben Sturm acht ich fur ain pidermann, der sich nit lass corrumpieren: das sorg ich aber, das Paumgartner und der Rochlinger zu straspurg ander leut mochten corrumpieren, die fuleucht in ainer reputation pei her Jacoben weren und alsdann her Jacoben verfierten.

[2]) Lenz a. a. O. S. 87 u. 256.

[3]) Lenz a. a. O. S. 261—264, 294, 298 u. 316; Roth III, S. 92 ff.

steigert wurde, weil man im politischen Widersacher auch den religiösen Gegner bekämpfte. Besonders schlecht ist Sailer auf Paumgartner zu sprechen, der „mit seinen gulden spies" viele anrenne und bei manchem auch Erfolg habe mit seinen Bestechungsversuchen[1]). Der Einfluss, den Paumgartner in den engen Grenzen dieser Politik als Vertrauter Granvellas ausübte, war nicht unbedeutend. „Aus dem Paumgartner handele Granvella Alles in Deutschland; der sage ihm, wie mit dem wie mit jenem zu handeln sei," schreibt Sailer am 28. Dezember 1543 an Philipp von Hessen[2]). Wenn unser Kaufmann, den Karl V. am 27. Juli 1541 zu seinem Rat ernannt hatte, trotz dieses Eifers nichts erreichte, so lag dies weniger an ihm, als an der politischen Lage. Die Gegensätze der Parteien hatten sich so verschärft, dass schliesslich nur die Waffen entscheiden konnten.

Der Kaiser war ja längst zum Krieg entschlossen, in dem er die ungehorsamen Fürsten, voran Philipp von Hessen, demütigen und zur Pflicht zurückführen wollte. Er hatte im Jahre 1544 mit Frankreich Frieden geschlossen, Ferdinand die Türken zu einem Waffenstillstand vermocht, auch mit dem Papst kam ein Bündnis zustande. Mit den oberdeutschen Städten wurden noch bis zuletzt Verhandlungen gepflogen, um sie zum Anschluss an die kaiserliche Sache zu bewegen. Hans Paumgartner und sein Sohn David waren dabei als Vermittler tätig. Sailer berichtet am 15. Dezember 1545 ausführlich, wie er mit Paumgartner, der ihn habe rufen lassen, eine Unterredung gehabt habe, wobei letzterer unter Hinweis auf die geringe Einigkeit und die schwachen Rüstungen der Protestanten versucht habe, ihn an dem schmalkaldischen Bündnis irre zu machen[3]). Sailer zeigte den Fragen Paumgartners gegenüber grosse Zurückhaltung, da er überzeugt war, dass man ihn nur ausforschen wollte. Noch im Juni 1546, kurz vor Ausbruch der Feindseligkeiten, machten Granvella und Paumgartner einen letzten Versuch, die Städte einzufangen[4]). Doch diese waren zum Widerstand bereit. Die Handelsstadt Augsburg, wo der reiche Jacob Herbrot die Zügel der

[1]) Lenz a. a. O. S. 316.
[2]) Ebenda S. 340 in der Anmerkung.
[3]) Ebenda S. 380.
[4]) Roth III S. 344.

Regierung in Händen hatte, war in einer besonders schwierigen Lage. Hatte man doch nicht nur den Kaiser zum Gegner. Auch von den eigenen Bürgern hielten gerade die reichen und vornehmen zur feindlichen Partei und unterstützten diese mit ihren Kapitalien. Gegen Paumgartner, einen der Führer dieser Opposition, richtete sich der Hass der Bürger am meisten. Denn er streckte wie Anton Fugger dem Kaiser die Mittel zur Kriegführung vor und begab sich bei Ausbruch des Krieges sofort ins Lager des Kaisers. Auch die anderen Kaufleute, soweit sie katholisch waren, verliessen die Stadt[1]). Gross war die Empörung über diese Verräter. Während sich aber die andern wenigstens durch eine Geldzahlung an die Stadt die Erlaubnis zum Fernbleiben erkauften, liess sich Paumgartner dazu nicht herbei[2]). Er trotzte im Vertrauen auf den Kaiser, der ihm und den Manlich am 6. Juli einen Schutzbrief ausstellte, der am 11. und 13. Juli noch erweitert wurde[3]). Weil Paumgartner sich den Ungehorsamen nicht angeschlossen habe, so solle er auch „derselben Empörung genntzlich nichts zu entgelten haben". Da er und seine Söhne aber der Stadt Augsburg mit Aidpflichten und Bürgerrecht verbunden seien und die Stadt sich ganz freventlich in Kriegsrüstungen eingelassen, so sagt der Kaiser die Paumgartner kraft seiner kaiserlichen Rechte von den genannten Pflichten und Eiden los und verbietet bei einer Strafe von 50 *M* lötigen Goldes, dass Paumgartners Güter angegriffen würden. Die Augsburger waren aber nicht gewillt, die Verletzung der Rechte der Stadt zu dulden. Mehrmals erging an Paumgartner die Aufforderung, er solle in die Stadt zurückkehren und sich verantworten. Dieser entschuldigte sich (am 6. und 9. August) mit dringenden Geschäften und wies, auf eine neue Mahnung des Rats hin, in gereizten Worten alle weiteren Zumutungen an ihn zurück und bat, man solle ihn fernerhin unbehelligt lassen[4]). Nun ging die Stadt zu Taten über. Sie liess Paumgartners Güter zu Konzen-

[1]) Ueber das Verhalten der Kaufleute und kaiserlich Gesinnten in der Stadt siehe Roth III S. 360—362.

[2]) Roth S. 362. Ausser den von Roth benützten Akten im Augsburger Stadtarchiv (bes. die Litteraliensammlung) hat sich weiteres Material nicht auffinden lassen.

[3]) Familienkodex fol. 58 a—60 b.

[4]) Augsburger, Stadtarchiv: Litteraliensammlung 6. u. 9. Aug. 1546. Die Schreiben Paumgartners sind von München datiert.

berg und Baumgarten besetzen, an den Schlössern das Wappen der Stadt anschlagen und später auch seine Häuser in der Stadt versiegeln[1]). Seine Briefschaften wurden aufgefangen und vom Rat geöffnet. Die Augsburger glaubten sich berechtigt, in dieser Weise gegen ihren ungehorsamen Bürger vorzugehen, riefen aber dadurch dessen Erbitterung im höchsten Grade hervor.

Der Gang der Kriegsereignisse ist zu bekannt, als dass hier darauf eingegangen zu werden brauchte. Die Uneinigkeit in der Kriegführung der Schmalkaldener ermöglichte es dem Kaiser, Erfolge zu erzielen, die den Städten weiteren Widerstand gefährlich erscheinen liessen. Eine der ersten, die sich unterwarf, war Ulm. Mit ihr hatten Hans Paumgartner und sein Sohn David die Unterhandlungen geführt, die am 22. Dezember 1546 mit der Unterwerfung der Stadt ihren Abschluss fanden[2]). Die übrigen ober deutschen Städte folgten dem Beispiel Ulms[3]). Nur Augsburg nahm Paumgartner bei seiner Friedensvermittlung aus. Er wollte die Stadt wohl von den andern trennen, und es ihr so erschweren, die Gnade des Kaisers zu erlangen[4]). Während sich dann im Januar 1547, als auch an Augsburg die Frage der Unterwerfung herantrat, Anton Fugger in selbstloser und aufopfernder Weise um seine Vaterstadt annahm, stand Paumgartner grollend beiseite und tat nichts, um ihre schwierige Lage zu erleichtern und den zürnenden Kaiser zu versöhnen[5]). Er gönnte vielmehr der Stadt ihre Demütigung.

[1]) Augsburger Stadtarchiv: Litteraliensammlung 20. August, 21. August. Am 26. August teilte Matthäus Langenmantel dem Rat in Augsburg mit, dass sich Fugger, Paumgartner und Welser zu Ingolstadt aufhalten.

[2]) Irrigerweise hält Ranke: Deutsche Geschichte im Zeitalter der Reformation (Sämtliche Werke 4. Bd. S. 333) die Paumgartner für geborene Ulmer. Bereits Gutzkow in dem erwähnten Roman Hohenschwangau Bd. 5 S. 460 hat den Sachverhalt richtiggestellt.

[3]) Auch bei der Unterwerfung der andern oberdeutschen Städte war Paumgartner beteiligt. Wegen Konstanz siehe z. B. Briefwechsel der Gebrüder Blaurer. Hrsg. von der Bad. Hist. Kommission, Freiburg i. Br. Bd. II S. 558, 1908 ff.

[4]) A. v. Druffel: Des Viglius v. Zwichem Tagebuch des Schmalkaldischen Donaukriegs, München 1877 S. 238 wird erzählt, wie Paumgartner darauf ausging, Augsburg von den Verhandlungen auszuschliessen.

[5]) Anton Fuggers Haltung geht am deutlichsten hervor aus den Briefen, die er an Herbrot richtete. (Ztschr. d. Hist. Ver. f. Schw. u. Nbg. I S. 260 ff.)

Hart genug fiel die Strafe aus. Unter den vielen schweren Bedingungen, welche der Stadt auferlegt wurden, war wohl die schmerzlichste, dass man den wackeren Streiter für die Sache des Protestantismus, Schertlin von Burtenbach, preisgeben musste.

Während der Kaiser dann nach dem Norden zog, um den Kurfürsten von Sachsen, Johann Friedrich, zu demütigen, kehrte Paumgartner nach Augsburg zurück und machte Entschädigungsansprüche an die Stadt wegen der Wegnahme seiner Güter und „anderer zugefügten Schmach und Schäden halber". Er, der reiche Kaufherr, forderte von der an sich schon schwer gebrandschatzten Stadt 6000 fl und wandte sich in einer Supplikation an den Kaiser, der hierauf eine Kommission zur Untersuchung der Klagen einsetzte. „Dieselb clag und die vorige suplication", schreibt der Chronist Langenmantel, „[waren] warlich dergestalt gestellt, dass sie ainem eerliebenden, erbern und redlichen burgersmann, der seine burgerliche aid alle jar geschworen und ein unerlassner burger noch ist, nit wol gezimbt und seiner aidspflicht zue nah und nit wol verantwurtlich." Schliesslich stand Paumgartner von seiner Geldforderung ab und begnügte sich mit einigen Zugeständnissen. „Das seind fürwar frembd hendel, die vor erbern leuthen seltzam zue hören seind," meint der genannte Chronist[1]). Und in der Tat erscheint das Benehmen Paumgartners gegen die Stadt, besonders wenn man es mit der Haltung Anton Fuggers vergleicht, wenig vornehm. Die Stadt war offenbar im Recht, wenn sie gegen den ungehorsamen Bürger vorging, der trotz seines Freiherrntitels und seiner Schlösser noch immer gehalten war, die Verfassung der Stadt zu respektieren, solange er sein Bürgerrecht nicht aufgegeben hatte. Letzteres zu tun, hinderte ihn aber sein Handel, der in dem Masse, wie Paumgartner ihn übte, nur in Augsburg möglich war.

Mit innerer Genugtuung mag Paumgartner dem Einzug Karl V. (23. Juli 1547) beigewohnt haben, der nach Augsburg zur Eröffnung des Reichstags kam. Ausser der einstweiligen Lösung der religiösen Fragen brachte dieser für die Stadt

[1]) Anton Fugger selbst weigerte sich, zwischen der Stadt und seinem „ungetreuen Schwager" zu verhandeln (Ztschr. d. Hist. Ver. f. Schw. u. Nbg. I S. 309), und Herbrot meinte angesichts dieser unfreundlichen Haltung Paumgartners: „das heisst's Vaterland geliebt!" (ebenda).

Augsburg noch eine einschneidende Aenderung ihrer Verfassung. Schon längst war den Patriziern das „Zunftregiment" ein Dorn im Auge. Voll Spott äusserten sich diese Aristokraten über die Unfähigkeit der Zünfte, die Stadt zu regieren. Besonders über den Emporkömmling Herbrot, der seit Wolfgang Rehlingers Weggang die erste Rolle spielte, sprachen sie sich in abfälliger Weise aus. Paumgartner, einer der ärgsten Hetzer, machte seinen ganzen Einfluss geltend, um den Kaiser für den Sturz des „plebeischen Regiments" zu gewinnen. Karl V., der in einer Verfassungsänderung zugunsten des Patriziats ein weiteres Mittel sah, die unbotmässigen Städte zu ihrer Pflicht zurückzuführen, ging auf den Plan ein. Nach zweihundertjährigem Bestand wurde die Zunftverfassung, unter der Augsburg seine Blütezeit erlebt hatte, gestürzt und ein patrizisches Stadtregiment eingesetzt (3. August 1548). Hans Paumgartner war unter denen, die in den „geheimen Rat" gewählt wurden[1]).

So war schliesslich doch noch die Sache zum Sieg gelangt, für die Hans Paumgartner ein Jahrzehnt seines Lebens gewirkt hatte. Als er kurz darauf starb, konnte er das Bewusstsein mit ins Grab nehmen, an seinem Teil zu den Erfolgen des Kaisers beigetragen zu haben. Aber dieser Sieg war errungen auf Kosten der Demütigung seiner Vaterstadt, der Stadt, die ihm und seinen Eltern fast 70 Jahre lang Heimatrecht gewährt und Gelegenheit gegeben hatte, seine Reichtümer zu sammeln. Aber je höher er stieg, desto breiter wurde die Kluft, die ihn von den Anschauungen seiner Mitbürger trennte, bis er sich schliesslich durch seine Politik in vollen Gegensatz zu ihnen stellte. Dafür stieg sein Ansehen beim Kaiser und seinen Ministern immer höher. Er war zuletzt einer der einflussreichsten und vertrautesten Räte Karls V. geworden, dessen Politik er, wie wir gesehen, eifrigst förderte.

Wir haben nun Hans Paumgartners Tätigkeit auf den verschiedensten Gebieten des öffentlichen Lebens verfolgt und einen Aufstieg zu den höchsten Ehren mitangesehen, wie er in gleichem Masse damals nur den Fuggern geglückt war. Bevor

---

[1]) Vgl. dazu den Aufsatz von Paul Hecker: Der Augsburger Bürgermeister Jacob Herbrot und der Sturz des zünftischen Regiments in Augsburg (in: Zeitschr. d. Hist. Ver. f. Schw. u. Nbg. I S. 34 ff.) und die Darstellung bei Roth IV S. 178 ff.

wir jetzt Hans Paumgartner verlassen, bleibt uns nur noch die Aufgabe, auf sein Familienleben einen kurzen Blick zu werten.

g) Hans Paumgartners Familienleben.

Der Ehe Hans Paumgartners mit Regina Fugger entsprossten ausser drei Töchtern vier Söhne, deren Erziehung der Vater mit grösster Sorgfalt überwachte. Beruhte doch auf ihnen seine ganze Hoffnung für die Zukunft seines Geschlechtes. Erasmus in dem bekannten Brief an Johannes Vergara kommt ausführlich auf die Erziehungsmethode Paumgartners zu sprechen: „Nullum omnium (sc. filiorum) destinavit negotiationi aut aliis sordidioribus artibus. Ad eruditionem, ad pietatem, ad gerenda Principum ac Reipublicae splendida munia instituit omnes," rühmt der Humanist und schildert dann kurz den Lebensgang der einzelnen Söhne[1]). Nachdem diese zu Hause durch einen Hofmeister[2]) vorgebildet waren, schickte sie der Vater nach Frankreich und Italien, wo sie auf den Universitäten in den Wissenschaften von ausgezeichneten Lehrern unterrichtet wurden und sich weltmännische Bildung aneigneten. Der älteste Sohn Hans hörte in Bourges in den Jahren 1530/31 bei den Juristen Alciatus und Viglius von Zwichem[3]) und kam dann an den Hof der Königin Maria von

---

[1]) Erasmi opera omnia ed. Clericus III 1480 F.

[2]) Als solcher war längere Zeit Franziscus Rupilius in der Familie tätig seit dem Jahre 1527. Er nennt sich im Familienkodex, in den er auf fol. 35 a—49 a die obenerwähnten Statuten des Paumgartnerschen Geschlechts eintrug: L. L. doctor, Ratisbonensis et Brixinensis ecclesiarum canonicus atque tunc temporis (1541) Rev. ac Illustr. episcopi ac principis Brixinensis dni Christophori Fux a Fuxperg cancellarius ac magnifici et nobilis domini Joannis Paumgartneri cliens deditissimus. Er wird auch von Zasius (bei Riegger Zasii epistolae S. 434) als Erzieher der Söhne Paumgartners erwähnt und ist identisch mit jenem Franziskus Rupilius, der mit Erasmus und Nausea in brieflichem Verkehr stand. Da Rupilius nur eine Latinisierung des Namens „Rothut" ist, so ist wahrscheinlich der o. S. 81 genannte Pfleger von Hohenschwangau, Sigmund Rothut, ein Verwandter von ihm.

[3]) Dem Alciatus sandte Paumgartner die Ausgabe der Pandekten des Haloander nach Bourges zum Geschenk, ca. 1530 (Stintzing:

Ungarn, der Regentin der Niederlande[1]). Später war er im väterlichen Geschäft tätig, starb aber schon 1542 oder 1543. Seine Ehe mit Anna von Stadion war kinderlos geblieben. Der zweitgeborene Sohn Johann Georg war geboren um 1515. Ihn nahm im Herbst 1531 Viglius von Zwichem bei seiner Durchreise durch Augsburg nach Padua mit und war dort in der Jurisprudenz sein Lehrer[2]). Johann Georg kam dann an den Hof Ferdinands, wurde dessen Rat[3]) und trat auch zu Gelehrten in Beziehung. Er schrieb im Auftrage seines Vaters mehrmals an Erasmus und wurde im Jahre 1544 von Cochläus mit der Widmung seiner „Vita Theoderici" geehrt[4]). Seine späteren Lebensschicksale müssen uns weiter unten noch ausführlicher beschäftigen. Hans Paumgartners dritter Sohn Anton bereitete seinen Eltern durch seine Lebensführung schwere Sorgen. Er vertrat das väterliche Geschäft eine Zeitlang in Venedig. Der jüngste Sohn David endlich (geboren 1521) weilte im Jahre 1533 noch zu Hause unter der Obhut des Paumgartnerschen Hauslehrers Franz Rupilius. Im Jahre 1537 vertraute ihn dann sein Vater in Padua der Erziehung des aus Oettingen im Ries gebürtigen Johannes Muschler an, der in Padua zur Erweiterung seiner juristischen Kenntnisse sich aufhielt und daneben als Erzieher von jungen Adeligen tätig war. Die Erziehungsmethode Muschlers, der offenbar gegen die Verabredung ausser David Paumgartner noch andere junge Leute bei sich aufnahm, konnte jedoch Hans Paumgartner nicht befriedigen, und er nahm deshalb seinen Sohn aus Muschlers Schule[5]). Wir haben oben bereits erwähnt, wie David Paum-

Ulrich Zasius S. 293), dem Viglius v. Zwichem verehrte er einen kostbaren Ring (Hoynck v. Papenbrecht: Analecta Belgica I S. 81).

[1]) Brief des Erasmus an Vergara III 1480 F.

[2]) Viglius v. Zwichem erzählt in seiner Selbstbiographie (Hoynck v. Papenbrecht: Analecta Belgica I S. 10 § 20), dass er im Herbst 1531 in Augsburg weilte. Täglich war er bei den Fuggern und bei Paumgartner eingeladen und wurde mit Münzen, goldenen Ketten und Ringen reich beschenkt. Vgl. auch Hoynck v. Papenbrecht I S. 81.

[3]) Familienkodex fol. 57 a.

[4]) Vita Theoderici regis quondam Ostrogothorum et Italiae autore Joanne Cochlaeo. Ingolstadt 1544. Die Widmung trägt das Datum: Ex civitate Eystetensi, Quarto Nonas Junii 1544. Vgl. K. Schottenloher: Jacob Ziegler aus Landau in der Pfalz. Münster 1910 S. 352.

[5]) Dies gab Muschler Anlass zur Abfassung einer dem Anton Fugger und seinem Neffen Johann Jacob Fugger gewidmeten Recht-

gartner sich dann an der Seite seines Vaters auf dem Gebiet der Politik versuchte. Seine späteren Lebensschicksale und sein unrühmliches Ende wird uns bald näher beschäftigen.

So sehr diese Erziehungsgrundsätze Hans Paumgartners den Beifall des Erasmus fanden, so waren sie doch nicht dazu angetan, die Söhne für den kaufmännischen Beruf tüchtig zu machen. Es war eine weltmännische und höfische Erziehung, die die jungen Paumgartner genossen, durchaus nicht passend für den Ernst, den die Handelstätigkeit erforderte. Das Leben an den Höfen der Fürsten und die Pflege der durch die Standeserhöhung herbeigeführten Beziehungen zum Adel erschien bald wichtiger und verlockender als die Beschäftigung mit den Fragen des Geld- und Warenhandels. Auch in den Städten war an Stelle der berechtigten Lebensfreude, wie sie noch das Augsburg Maximilians I. zeigte, allmählich Ueppigkeit und Raffinement im Lebensgenuss getreten. Die jungen Patrizierssöhne, die in dieser Luft heranwuchsen, kosteten dieses Leben reichlich aus. Die Chroniken und Ratsbücher erzählen von manchem tollen Streich dieser „goldenen Jugend", wobei die Grenzen des noch Erlaubten nicht immer eingehalten wurden.

Mit am tiefsten scheint der schon genannte Anton Paumgartner (geb. c. 1518) in den Strudel des grossstädtischen Genusslebens eingetaucht zu sein. Er führte in Augsburg und Venedig, wo er um 1533 weilte[1]), ein recht lockeres Leben und gab das Geld mit vollen Händen aus. Er wurde dann von seinem Vater mit Regina Honold, einer reichen Augsburger Kaufmannstochter, verheiratet (Februar 1540)[2]). Die Ehe hielt ihn jedoch nicht ab, sein ausschweifendes Leben fortzusetzen, und er trieb es dabei so stark, dass ihn seine Gattin im Juli 1543 verliess[3]).

---

fertigungsschrift: En tandem libellus, ex captivitatis tenebris . . . revocatus. Venetiis anno 1538. Das Exemplar der Hof- u. Staatsbibliothek (Jur. isag. 133 m) enthält auf einigen Seiten Stellen, die durch die venezianische Zensur unleserlich gemacht wurden. Eine Biographie Muschlers findet sich in: Beiträge zur Oettingischen Geschichte, 1. Teil (1772) S. 182 ff.

[1]) Brief des Erasmus an Vergara: Tertius (filius) Antonius agit Venetiae velut in theatro totius Italiae splendidissimo, variis linguis expeditus et omni morum elegantia perpolitus ad unguem.

[2]) Warnecke: Hochzeitsbuch S. 42.

[3]) Nach der sogleich zu erwähnenden Verzichturkunde Antons (Geh. Staatsarchiv K blau 382/6).

Hans Paumgartner, dem diese Lebensführung seines Sohnes besonders auch im Gedanken an die Zukunft seines Geschlechts schwere Sorgen bereitete, sah sich schliesslich veranlasst, den ungeratenen Sprössling vom Genuss des Fideikommisses auszuschliessen. Er tat dies in einem Testament vom 17. Juni 1543[1]). Nachdem er in demselben das Familienstatut bestätigt und nochmals seiner Gattin, wie bereits im Jahre 1535, ihren Witwensitz gesichert hatte, setzte er als Erben seiner Güter die beiden Söhne Hans Georg und David ein. Er fährt dann fort, dass er auch noch einen dritten Sohn Anton habe, „aber so hat sich doch desselbigen unseres Sohns Antonien halben und von ihme in etlich mer weg zugetragen, dass wir aus väterlicher und mütterlicher Bekümmernus und Betrübnus hierin austrucklich anzeigen, dardurch wir verursacht ihme unserm Sohn auch seinen ehelichen Söhnen etwas unterschiedliches verordnen zu müssen, neben anderem auch darum, dass ich Hans Paumgartner von Paumgarten begere, dass alle meine gelegenheit, wesen, vermögen in geheim und eingezogen, auch guter ordnung bleiben und meines gefallens erhalten werden". Es werden ihm dann 74 000 fl zugesprochen, von denen jedoch 20 000 fl, die er bei seiner Verheiratung erhalten, und von denen er bereits 10 000 fl verbraucht hat, abgezogen wurden. Obwohl er ausser diesen 10 000 fl noch weitere 6000 eingenommen, die er vertan und verbraucht hat, soll ihm doch dafür nichts abgezogen werden. Solange der Vater lebte, sollte er in Abschlag des ihm noch zustehenden Erbteils die Nutzniessung der Güter Konzenberg und Glettweng haben. Nach dem Tode des Vaters sollten Hans Georg und David ihrem Bruder sein Erbteil hinauszahlen und dieser die genannten Güter zurückgeben. Von der Familienerbfolge wurde er solange samt seinen Nachkommen ausgeschlossen, als noch Nachkommen Hans Georgs und Davids lebten. Karl V. bestätigte dieses Testament, und Anton musste am 30. Januar 1544 vor dem Landrichter des Bischofs von Augsburg auf allen Anteil an den Gütern, auch auf Konzenberg und Glettweng, verzichten,

---

[1]) Dieses letzte endgültige Testament Hans Paumgartners ist erhalten im Geh. Staatsarchiv K blau 382/3. Die Lebensführung Antons führte Hans Paumgartner dazu, ein früher errichtetes Testament vom 5. Mai 1535 durch dieses neue zu ersetzen.

wofür ihm ein jährliches Leibgeding von 1800 fl zugestanden wurde[1]).

Mit kraftvoller Hand beseitigte hier Hans Paumgartner die Gefahr, die dem Besitzstand seiner Familie durch die Verschwendungssucht seines Sohnes drohte. Er war nicht gewillt, die glanzvolle Stellung, die er seinem Hause erworben, so rasch wieder einer ungewissen Zukunft preisgegeben zu sehen. Und glanzvoll fürwahr war Hans Paumgartners Lebensstellung, wenn wir zum Schluss nochmals auf das von ihm Geleistete zurückblicken. In aller Welt war der Name dieses mächtigen Kaufherrn bekannt, mit dessen Geld die Habsburger ihre Kriege führten, und der den Metallhandel Tirols mit seinem Kapital beherrschte. Als Freiherr und Rat Karls V. spielte er in der Politik eine bedeutsame Rolle und war der Gönner der angesehensten Gelehrten Europas. Das Stammhaus in Augsburg und die Schlösser in Hohenschwangau sahen Tage festlichen Glanzes. Gelehrte, Künstler und Staatsmänner gingen hier ein und aus in den Gemächern, die mit kostbaren Teppichen des Orients, Gold- und Silbergerät und den Kunstwerken zeitgenössischer Maler geschmückt waren[2]). Bis in seine letzten Tage war der Besitzer all dieser Herrlichkeiten

---

[1]) Diese Verzichturkunde ist ebenfalls im Geh. Staatsarchiv erhalten, K blau 382/6. Ueber Antons spätere Lebensschicksale lässt sich nicht viel sagen. Dass er auch fernerhin in leichtlebigen Kreisen verkehrte und an deren Treiben seine Freude hatte, dafür ist ein Beweis sein Umgang mit dem Schwankdichter Michael Lindener, der ihm sein „mit Recht übel berufenes" Rastbüchlein widmete, eine Sammlung von lockeren Schwänken in der Art des Boccaccio. (1. Ausg. 1558; eine jüngere Ausgabe des seltenen Büchleins vom Jahre 1568 besitzt die Kgl. Hof- und Staatsbibliothek München. Ein Neudruck liegt vor im 163. Bd. der Bibliothek des Literar. Vereins Stuttgart (1884). Ueber Lindener vgl. den Artikel Erich Schmidts in der Allg. deutschen Biogr. Bd. 18 S. 693 ff. Trotz alledem hielt Anton Paumgartner sein Vermögen besser zusammen als seine beiden Brüder. Bei dem Vermögenszusammenbruch der letzteren fiel ihm sogar noch die Herrschaft Baumgarten zu, die er als Gläubiger und in Abschlag seines Leibgedings beanspruchte. Er lebte in ziemlichem Wohlstand in Augsburg und auf seinen Besitzungen bis zum Jahre 1583 (Augsbg. Steuerbücher).

[2]) In dem gleich zu erwähnenden Teilbrief trifft Hans Paumg. besondere Verfügung über ein mehrteiliges Silbergeschirr, „schüsseln, Teller, Salzfass, Tischplatt und dergleichen, so zusammengehörig, wie ichs aus dem Niderland hab mit pringen lassen".

mit dem Gedanken beschäftigt, wie er sie am sichersten seiner Familie erhalte.

Eine schwere Krankheit lähmte im Herbst des Jahres 1549 Hans Paumgartners rastlosen Tätigkeitstrieb. Er konnte auf seinem Besitztum in Schwabmünchen, bereits ans Bett gefesselt, noch die letzten notariellen Verfügungen treffen und am 27. August in einem „Teilbrief" seine Güter und Besitzungen zwischen seinen beiden Söhnen Hans Georg und David teilen[1]). Am 2. September garantierte er seiner Gattin nochmals ihre Rechte und hielt zugleich die getroffenen Verfügungen wegen Anton aufrecht[1]). Am 14. September gedenkt die Tiroler Regierung noch seiner Krankheit in einem Schreiben an seine Söhne, indem sie ihrem Vater baldige Genesung wünscht[2]). Dieser Wunsch ging nicht in Erfüllung. Ende September oder Anfang Oktober 1549 starb der kaiserliche Rat und Freiherr von Hohenschwangau im Alter von etwa sechzig Jahren wahrscheinlich in Schwabmünchen. Wie er gewünscht, wurde er in Waltenhofen bestattet, angesichts seiner Schlösser Hohenschwangau und Schwanenstein, deren Erwerb ihm einst in glücklicher Stunde gelungen.

Drittes Kapitel.

Die Zeit des Verfalls.
Hans Georg und David Paumgartner.

Von den Söhnen Hans Paumgartners war Hans, der älteste, schon zu Lebzeiten des Vaters gestorben, Anton wurde von dem Fideikommiss gegen eine Leibrente ausgeschlossen. Das Geschäft und der Grundbesitz gingen daher jetzt auf Hans Georg und David über, und zwar in der von dem Vater noch vor seinem Hinscheiden festgesetzten Weise[3]). Danach sollte

[1]) Geh. Staatsarchiv K blau 382/4.

[2]) Innsbruck, Statthaltereiarchiv: Gemein Missiven (1549) fol. 566.

[3]) Diese Teilung nahm Hans Paumgartner kurz vor seinem Tod vor. In seinem Testament vom Jahre 1543 hatte er sich die Errichtung

Hans Georg Erbbach, Kürnberg und Kenzingen, Haus und Turm in Schwabmünchen, David Hohenschwangau, Baumgarten, Konzenberg und Kaltarn erhalten. Das Stammhaus in Augsburg sollte ihnen gemeinsam gehören. Ebenso sollten sie — aus praktischen Gründen und Erwägungen — die Bergwerke auf gemeinsame Rechnung betreiben und Gewinn und Verlust von beiden zu gleichen Teilen getragen werden. Alle andere Habe, Barschaft, angelegtes Geld, Schulden, Hausrat, Silbergeschirr, Edelgestein, Ringe, Kleinodien, Ketten, Kleider und alles andere sollten die Brüder unter sich teilen. Den Titel sollte jeder Zweig der Familie ganz führen in der Form: die von Paumgarten, Herrn zu Hohenschwangau, Erbbach, Kürnberg und Kenzingen.

Hans Georg und David Paumgartner, deren Jugendentwicklung wir bereits oben besprochen, kamen zunächst dem letzten Willen ihres Vaters völlig nach. In den letzten Wochen des Jahres 1549 und zu Anfang des Jahres 1550 erfolgte die Belehnung der beiden Brüder mit ihren Gütern durch die Lehensherrn, am 6. November 1549 versammelte David Paumgartner zugleich im Namen seines Bruders die Untertanen der Herrschaft Hohenschwangau, um von ihnen die Huldigung entgegenzunehmen[1]). Aehnlich geschah es auf den andern Besitzungen. Auch auf die Vermehrung ihrer Güter waren die beiden Paumgartner bedacht. So kaufte David mehrere Höfe in der Pfarrei Waltenhofen im Jahre 1557 um 5200 fl von dem Abt Georg Albrecht des Magnusklosters in Füssen[2]). Am 7. Mai 1560 empfingen die Brüder den Markt Thannhausen vom Kaiser zu Lehen, nachdem sie denselben von dem Truchsess Heinrich von Höfingen erworben hatten[3]). Das Haus in der Stadt bewohnten sie gemeinsam und zahlten auch die reiche Steuer von 800 fl fort. David wurde der Nachfolger seines Vaters im geheimen Rat.

In Tirol wurden die noch von Hans Paumgartner her-

---

eines solchen Teilbriefs ausdrücklich vorbehalten. Erhalten ist derselbe im Geh. Staatsarchiv K blau 382/4. Da dieser und die andern von mir benützten Bände keine Paginierung haben, so sind nähere Angaben über die Seite nicht zu machen.

[1]) Missiv an Hof (1549).

[2]) Steichele: Bistum Augsburg 4 S. 403.

[3]) Ebenda Bd. 5 S. 758.

rührenden Geschäfte erledigt und auch neue abgeschlossen. Am 15. März 1550 begann die Rückzahlung der 8000 fl mit Silber, die Hans 1546 dargeliehen hatte[1]). Im Jahre 1552 wurde den beiden Brüdern, den Fuggern, Haug und Neithart ein Silbervertrag von 54 545 ℳ eingelöst, an dem sie, wie die Kammer annimmt, abgesehen vom Interesse, einen Nutzen von 80 000 fl hatten[2]).

Indessen scheint das Interesse der Brüder am Metallhandel nicht sehr lebhaft gewesen zu sein, auch fehlte die beim Kaufmann so nötige Ordnung in der Geschäftsführung. Als die Tiroler Regierung im Jahre 1553 erledigte Silberverträge zurückverlangte, mussten die Paumgartner erklären, sie hätten dieselben verloren „neben anderen mehr ihren brieflichen Gerechtigkeiten". Es wurde ihnen sodann auferlegt, Kassationsbriefe auszustellen, in denen sie die Erfüllung der Verträge bestätigten, da die Regierung „glaubwürdig erfahren hatte, dass sie einen ansehnlichen Verlust mit mehreren anderen ihren brieflichen Gerechtigkeiten zu ihrem merklichen Nachteil genommen haben". Der Vorfall zeigt, dass Hans Georg und David Paumgartner für das kaufmännische Geschäft Geschick und Neigung fehlte[3]). Dies geht auch daraus hervor, dass sie bald nach ihres Vaters Tod aus dem Tiroler Bergbau sich zurückzogen. Bereits im Jahre 1553 verkauften sie ihre Bergwerksanteile an Hans Paul und Hans Heinrich die Herwart[4]). Damit lösten sie auch alle Beziehungen zur Tiroler Regierung, mit der ihr Haus seit mehr als einem halben Jahrhundert in innigster Geschäftsverbindung gestanden hatte, und zugleich das Band, das nach ihres Vaters Willen die beiden Brüder zusammengehalten hatte. Sie gaben nun die Geschäfte auf gemeinsame Rechnung auf und jeder ging seine eigenen Wege. Das Jahr 1555 können wir als den Höhepunkt ihres Lebens bezeichnen. Unter die Stände des Reiches aufgenommen, haben sie damals dem Reichstag zu Augsburg beigewohnt und den Reichstagsabschied — den Augsburger Religionsfrieden — mit unterzeichnet[5]).

---

[1]) Entbieten und Befehl (1550) fol. 36.

[2]) Missiv an Hof (1553) fol. 177.

[3]) Missiv an Hof (1553) fol. 279; Geschäft von Hof (1554) fol. 100; Missiv an Hof (1554) fol. 86.

[4]) Entbieten und Befehl (1553) fol. 394; Gemein Missiven (1554) fol. 525.

[5]) Neue und vollständige Sammlung der Reichsabschiede 4 Teile,

Die Beschäftigung mit der Politik machte einen grossen Teil der Tätigkeit der beiden Paumgartner in den folgenden Jahren aus. Durch die Erziehung, die ihnen zuteil geworden war, wurden sie ja auch darauf besonders hingewiesen[1]).

Vor allem David Paumgartner, dessen Schicksale wir nun zunächst näher ins Auge fassen, wandte sich bald vollständig der Politik, dem Hofleben und dem Verkehr mit dem Adel zu. Sein Bürgerrecht in Augsburg gab er auf und lebte auf seinen Hohenschwangauer Besitzungen. Der jüngste von Hans Paumgartners Söhnen, besass er einen ehrgeizigen Charakter und fühlte sich am wohlsten in der Nähe des Kaisers, wo er am ersten Gelegenheit fand, Einfluss zu gewinnen. Er setzte die schon von seinem Vater betriebene Politik — Unterwerfung der schwäbischen Reichsstädte unter Karl V. — fort und beteiligte sich lebhaft an den Verfassungsänderungen, die dort der Schmalkaldische Krieg zur Folge hatte. So setzte er im Oktober 1551 zusammen mit Heinrich Hasse in Kaufbeuren an die Stelle des Zunftregiments eine aristokratische Verfassung[2]). Im Jahre 1553 verwendete ihn dann Karl V. als Vermittler bei seinen Bemühungen, Schertlin von Burtenbach, der in französische Dienste getreten war, wieder zu versöhnen. Paumgartners Mission hatte Erfolg, und Schertlin kehrte nach Deutschland zurück, wo er in alle seine Güter wieder eingesetzt wurde (Juni 1553)[3]). Durch solche glücklich durchgeführte Aufgaben erwarb sich David Paumgartner die Gunst des Kaisers und Königs im höchsten Masse. Im Jahre 1558 nennt ihn der venezianische Gesandte Mocenigo eine Persönlichkeit von so grossem Einfluss, wie ihn die Fugger nicht besitzen. Auch in Geldangelegenheiten wurde er noch benützt. Im Jahre 1555 beliefen sich die Schulden, die die Habsburger noch bei ihm hatten, auf 38 200 fl[4]).

Frankf. a. M. 1747. 3. Teil S. 42 (Abschied vom 25. September 1555). Ebenso steht ihr Name unter dem Reichstagsabschied zu Regensburg vom 16. März 1557 (ebenda S. 152).

[1]) David war auch Inhaber des Erbmarschallamtes des Bistums Augsburg.

[2]) Steichele: Bistum Augsburg, Bd. 6 S. 311, und die S. 310 Anm. 179 angegebene Literatur.

[3]) Ottmar F. H. Schönhut: Leben u. Thaten des . . . Sebastian Schertlin v. Burtenbach. Münster 1858 S. 105.

[4]) Archiv f. Kunde österr. Geschichtsquellen Bd. 22 S. 97.

Das ständige Leben am Hofe war für einen Mann von David Paumgartners Charakter sehr gefährlich. Er war nicht stark genug, den tausendfachen Verlockungen und Versuchungen, die hier an ihn herantraten, zu widerstehen. Rasch verschlang das üppige Leben Paumgartners Vermögen, zumal sich auch mancher geldbedürftige Adelige an ihn heranmachte und sich seiner als Geldgeber bediente. Bald sah sich der Freiherr von Hohenschwangau selbst genötigt, Geld aufzunehmen. Er wandte sich an seinen Bruder Hans Georg, der im Jahre 1559 für ihn bei einer Reihe Augsburger Kaufleute Geld aufbrachte und sich dafür verbürgte. Das Anlehen erreichte eine Höhe von 129 000 fl. Unter den Gläubigern befand sich Sebastian Schertlin mit 10 000 fl, Wolfgang Paller und Anton Rehlinger mit 9000 fl, Christoph Rehlinger mit 6000 fl, Georg von Stetten mit 4000 fl usw.[1]).

Wir dürfen jedoch David Paumgartners Geldnot nicht allein seiner Verschwendungssucht und seinen Charaktereigenschaften zuschreiben. Gerade um die Mitte des 16. Jahrhunderts rief die veränderte politische Lage auf dem Weltmarkt Krisen hervor, die bald die ganze Augsburger Finanzwelt in starke Mitleidenschaft zogen. Die auf unsicherer Basis ruhende Finanzwirtschaft Karl V. und Franz I. rächte sich gleich zu Anfang der Regierung ihrer Nachfolger Philipp II. und Heinrich II. Im Jahre 1557 geriet Spanien in Zahlungsschwierigkeiten, kurz darauf auch Frankreich. In den Niederlanden riefen die unsichern politischen Verhältnisse eine Gefährdung des Geldverkehrs hervor. Von diesen Finanzkrisen wurden in erster Linie die oberdeutschen Handelshäuser schwer betroffen, die in den genannten Ländern ihre Kapitalien angelegt hatten. In Augsburg fallierte eine Firma nach der andern. Hektor Mair zählt in seinem Memorialbuch in den Jahren 1545 bis 1575 nicht weniger als 73 Bankrotte auf, darunter alle die Kaufleute, die zehn Jahre vorher an der Spitze der europäischen

[1]) Für das ff. sind Hauptquelle die fünf im Geh. Staatsarchiv München erhaltenen Bände: Zu der Paumgartnerischen Rechtsache gehörig K blau 382/3—382/7. Wie schon erwähnt, sind die einzelnen Bände ohne Paginierung. Der 1. Bd. enthält die schon besprochenen Testamente Hans Paumgartners und seiner Gemahlin Regina Fugger v. Jahre 1535 u. 1543. — Die Notariatsurkunde, in der sich Hans Georg für seinen Bruder verschrieb, steht K blau 382/6.

Handelswelt genannt wurden[1]). Wenn wir an die weitläufigen Unternehmungen der Paumgartner, besonders auch ihre Beziehungen zu Frankreich denken, wird es uns nicht zweifelhaft sein, dass auch David Paumgartner durch diese Krisis berührt wurde. Im Jahre 1561 wird die schwierige finanzielle Stellung der Fugger und Paumgartner auch ausdrücklich erwähnt gelegentlich von Geldaufnahmen, die der König von Spanien in Augsburg bewerkstelligen wollte. ,,Aber dieweil die zwey Geschlechter Fugger und Baumgartner izo mit sich genug zu tun haben, dan inen ain gewaltige Summa Gelds abkundigt ist," konnte er nichts ausrichten[2]). Im nämlichen Jahr 1561 zwang dann seine Geldnot den David Paumgartner zu erneuten Geldaufnahmen, die zugleich eine Verletzung der von seinem Vater errichteten Familienstatuten zur Folge hatten. Er lieh am 24. August 1561 von dem Markgrafen Georg Friedrich von Brandenburg 120 000 fl und musste dafür seine Eigengüter in Hohenschwangau und das Amt Kaltarn verpfänden. Als der Markgraf dem Vertrag gemäss am 20. August 1562 das geliehene Kapital aufkündigte und bis cathedra Petri 1563 die Rückzahlung der ersten Hälfte verlangte, konnte David diese nicht leisten. Auch an dem neuen Termin (cathedra Petri 1565), zu dem sich dann Georg Friedrich auf Bitten des Herzogs Christof von Württemberg verstand, war Paumgartner zahlungsunfähig[3]). Der Markgraf Georg Friedrich ergriff hierauf Besitz von der Herrschaft Hohenschwangau. Im Jahre 1561 musste David Paumgartner auch das Lehen Hohenschwangau und seine erst kürzlich erworbene Besitzung Thannhausen verschreiben. Zusammen mit seinem Verwandten Oswald von Eck[4]) nahm er damals am 26. Mai 1561 bei Bona-

---

[1]) P. Hektor M a i r s Memorialbuch K fol. 357 ff. (im Augsburger Stadtarchiv). Bekanntlich fallierte damals auch Johann Jakob Fugger (1563).

[2]) A. K l u c k h o h n: Briefe Friedrichs d. Frommen, Kurfürsten von der Pfalz, Braunschweig 1868 S. 211 Anm. 1.

[3]) L o r i: Geschichte des Lechrains 2. Bd. S. 377. Die Urkunde, in der David Paumg. Hohenschwangau dem Markgrafen verschreibt, K blau 382/7 in mehreren Abschriften.

[4]) Oswald v. Eck, der Sohn des mächtigen Kanzlers Wilhelms IV. v. Bayern, Leonhard v. Eck, vermochte ebensowenig wie die Paumgartner sein Erbe zu verwalten. Er geriet in Schulden u. musste seine Besitzungen Randeck u. Eisenhofen verpfänden u. verkaufen. Eisen-

ventura Furtenbach[1]) 72 600 fl auf und im Jahre 1563 nochmals 35 554 fl[2]). Hans Georg Paumgartner protestierte gegen diese eigenmächtigen Verpfändungen von Familiengütern, hatte damit aber keinen Erfolg. Davids schlimme wirtschaftliche Lage wurde im Jahre 1563 allgemein bekannt. „Es soll auch Herr Davidt Paumgartner zu Paumgarten und Hohenschwangau verdorben und ob 300 000 gulden schuldig sein," schrieb der schon genannte Hektor Mair im Juni 1563 in sein Memorialbuch[2]). Beschleunigt wurde Paumgartners wirtschaftlicher Zusammenbruch durch den Riesenbankrott Jacob Herbrots, der Paumgartner mit ins Verderben riss. David Paumgartner war Herbrots Hauptgläubiger und hatte von ihm 85 630 fl 39 kr zu fordern. Welcher Art die Geschäfte waren, die den Freiherrn von Hohenschwangau mit dem Augsburger Spekulanten und Grosskaufmann Herbrot zusammengeführt hatten, lässt sich nicht näher angeben[3]). Herbrots Konkurs hatte auch den Zusammenbruch Oswald von Ecks zur Folge, der in die Hände dieses Wucherers gefallen war. Ihm schuldete Herbrot 62 081 fl[4]). Oswald von Eck seinerseits war mit 119 899 fl 43 kr Gläubiger David Paumgartners[5]). Bei diesen engen gegenseitigen Beziehungen Herbrots, Paumgartners und Ecks riss einer den andern mit ins Verderben. Paumgartners Passiven betrugen gegen 600 000 fl. Ausser den schon genannten Gläubigern

---

hofen kam an die Furtenbach, die sich fortan Furtenbach v. Reichenschwand u. Eisenhofen nannten. Ueber Eck, dessen Mutter, wie David Paumgartners Gemahlin, aus dem Geschlecht der Freiberge v. Eisenberg stammte, vgl. u. a. Th. Wiedemann: Johann Turmair, genannt Aventin, 1858. S. 72 ff. Zu Ecks Bankrott vgl. auch Cgm 2235.

[1]) Ueber die Furtenbach siehe Kneschke: Neues allgem. Adelslexikon Bd. 3 S. 412.

[2]) Augsburger Stadtarchiv.

[3]) In dem obengenannten Cgm 2235, in dem Herbrot und Paumgartner öfter im Zusammenhang mit Oswald v. Ecks Konkurs genannt werden, spielen Edelsteine eine gewisse Rolle, die Eck bei Jacob Herbrot verpfändete, und die der letztere dann wieder an Frankfurter Juden verkaufte. Herbrot hatte für die Edelsteine, die gegen 26 250 fl wert waren, ein Anlehen von 16 000 fl gemacht. Auch im Herbrot-Selekt des Augsburger Stadtarchivs (4) ist von Kleinodien die Rede, die Herbrot von Eck empfangen hatte.

[4]) Herbrot-Selekt 4. Herbrot fallierte mit einer Schuldsumme von 566 687 fl.

[5]) Cgm 2235.

Markgraf Georg Friedrich, Bonaventura Furtenbach und Hans Georg Paumgartner sind noch zu nennen: Johann von der Leyen, trierischer Amtmann, mit 50 000 fl, Lazarus Schwendi mit 15 000 fl, Lazarus Tuchers Erben 33 000 fl, Langenmantel mit 16 000 fl und eine Reihe anderer Personen mit kleineren Summen[1]). Die Umstände, unter denen diese Gläubiger mit David Paumgartner in Beziehung traten, liessen sich nicht mehr im einzelnen feststellen. Bei dem Ansehen, das Paumgartner genoss, und bei seinen vielfachen politischen und finanziellen Verbindungen muss es ihm leicht gewesen sein, Kredit zu erlangen.

Sobald nun seine verzweifelte Lage bekannt wurde, suchten die Gläubiger sich ihrer Gelder zu versichern[2]). Markgraf Georg Friedrich nahm, wie schon erwähnt, Hohenschwangau in Besitz, die Furtenbach liessen sich mit Hohenschwangau (soweit es kaiserliches Lehen war) belehnen und bemächtigten sich Thannhausens. Die kleineren Gläubiger aber glaubten am ehesten wieder zu ihrem Gelde zu kommen, wenn sie sich an die Tiroler Regierung wendeten. Diese erklärte sich bereit, die Forderungen einer Reihe von Gläubigern auf sich zu nehmen, wenn diese zugleich noch Bargeld an die Kammer liehen. In Innsbruck benützte man nämlich jetzt die günstige Gelegenheit, wieder in den Besitz von Herrschaften zu gelangen, die einst an die Paumgartner verpfändet worden waren. So konnten durch Uebernahme Paumgartnerscher Schulden einige dieser Besitzungen abgelöst werden[3]). Vor allem aber stach der Tiroler Regierung Hohenschwangau in die Augen. Diese „grosse weite und lustige Herrschaft" an der Landesgrenze war jetzt Gegenstand der eifrigsten Bemühungen der Tiroler Räte, um sie in Habsburgischen Besitz zu bringen. Wiederholte Verhandlungen wurden in den Jahren 1565—1567 mit dem Markgrafen gepflogen. Aber für das schön gelegene Besitztum interessierte sich auch ein anderer Fürst, an dessen Gebiet dasselbe grenzte —

[1]) Geh. Staatsarchiv K blau 382/7. Davids Bruder Anton erscheint in dieser Tabelle mit einem Guthaben von 36 000 fl. Er erhielt dafür die Herrschaft Baumgarten.

[2]) Briefwechsel der Gebrüder Blaurer III S. 773 schreibt Ambr. Blaurer an Heinr. Bullinger Ende Juni 1563, dass David mit 600 000 fl fallierte.

[3]) Die Tirolische Regierung übernahm ca. 37 000 fl Paumgartnerscher Schulden von den Gläubigern. (Missiv an Hof [1563]) fol. 839.

Herzog Albrecht V. von Bayern[1]). Die Regierung in Innsbruck machte vergebliche Anstrengungen, den Uebergang Hohenschwangaus an den Wittelbacher zu verhindern. Am 14. Juli 1567 trat Markgraf Georg Friedrich zu Ansbach nach längeren Verhandlungen mit den bayerischen Räten alle seine Rechte an Hohenschwangau, soweit es einst dem David Paumgartner zu eigen gehört hatte, um 69 000 fl an Albrecht V. ab[2]). Zwei Jahre zuvor hatte der Herzog von Bayern auch den Furtenbach ihre Ansprüche, die sie auf das Lehen Hohenschwangau hatten, abgekauft[3]). So ging diese prächtige Herrschaft, die Hans Paumgartner einst im Jahre 1535 mit so grossen Anstrengungen erworben hatte, nach nur 30jährigem Besitz aus den Händen seines Sohnes in den Besitz der Wittelsbacher über. Sie hatten zwar diese auf rechtmässigem Wege erworbene Herrschaft noch Jahrzehnte hindurch gegen die Ansprüche der Paumgartnerschen Erben zu verteidigen, aber die deshalb am kaiserlichen Kammergericht geführten Prozesse änderten an der Sachlage nichts mehr. Hohenschwangau blieb seit 1567 im Besitz der Wittelsbacher.

Von all seinen Gütern blieb David Paumgartner nichts mehr als Konzenberg, das seine Gattin Ursula von Freiberg zur Nutzniessung erhielt. Er selbst irrte nach dem Zusammenbruch seiner Vermögensverhältnisse ruhelos umher. Sein ehrgeiziges Wesen liess ihn den Wechsel des Glückes nicht mit Fassung ertragen. Er fasste den abenteuerlichen Gedanken, einen Versuch zur Wiederherstellung seines früheren Ansehens zu wagen[4]). Bereits im Jahre 1561 hatte er Beziehungen zu dem fränkischen Ritter Wilhelm von Grumbach angeknüpft und diesem am 8. Dezember 1000 Kronen geliehen[5]). Grumbach

[1]) Vgl. dazu Sigm. Riezler: Geschichte Bayerns IV S. 474 ff. Albrecht V. suchte Hohenschwangau auch deshalb in seinen Besitz zu bringen, weil es öfter zu Grenzstreitigkeiten (bes. 1553, 1561) mit den Inhabern der Herrschaft gekommen war.

[2]) Lori II 377 ist dieser Kaufbrief gedruckt.

[3]) Urkunde bei Aettenkhover (Jos. Ant.): Kurzgefasste Geschichte der Herzoge v. Bayern, Regensburg 1767 S. 450 ff. Auch Thannhausen ging dann in den Besitz Albrechts V. über (vgl. Steichele Bd. 5 S. 758).

[4]) Das Hauptwerk für die Geschichte der Grumbachschen Händel ist: Friedrich Ortloff: Geschichte der Grumbachschen Händel 4 Tle., Jena 1868 ff.

[5]) Ortloff I S. 236.

hoffte, von dem als reich bekannten Paumgartner noch grössere Summen für seine Zwecke erlangen zu können. Aber die diesbezüglichen Verhandlungen zerschlugen sich, da Paumgartner als Geldgeber bald nicht mehr in Betracht kommen konnte[1]). Dafür suchte man ihn für die Zwecke der Adelsverschwörung in anderer Weise dienstbar zu machen. Er blieb während der Jahre 1562 bis 1564 in Korrespondenz mit Grumbach und dem Herzog Johann Friedrich von Sachsen und machte diesem wiederholt Mitteilung über seine alchemistischen Versuche. In seiner Verzweiflung hatte sich nämlich der Sohn jenes Mannes, der einst aus den Bergwerken Tirols Tausende von Mark Silbern geholt hatte, der Goldmacherkunst in die Arme geworfen. In einem Schreiben vom 23. Oktober 1564 klagte er über seine drückenden Schulden und die Versuche des Markgrafen von Brandenburg, Hohenschwangau an Bayern zu verkaufen[2]). Er bat dann den Herzog von Sachsen, sich für ihn beim Markgrafen zu verwenden und ihm zu raten, wohin er sich wenden solle, „wenn er sich eine Zeit abwegs tun wolle". Was letzteren Punkt betrifft, so hatte Grumbach für ihn bereits einen Auftrag: er sollte an den Hof des Kaisers sich begeben und diesen insgeheim in die Bestrebungen des fränkischen Ritters einweihen. Paumgartner begab sich hierauf Ende April 1565 in die Nähe Grumbachs und übernahm die Mission nach Wien[3]). Vom Mai 1565 bis März 1566 weilte er am Kaiserhofe, wo er zugleich auch eigene Angelegenheiten, die seinen Gantprozess betrafen, erledigte. Nach seiner Rückkehr von Wien, wo er natürlich in der Grumbachschen Sache nichts ausrichtete, blieb er in der Nähe des aufständischen Ritters und wurde wie dieser in die Reichsacht erklärt. Rasch folgten sich nun die Ereignisse und das Verhängnis brach über die Häupter Grumbachs und seiner Anhänger herein. Die Stadt Gotha, in der sich an Herzog Johann Friedrichs von Sachsen Seite die Aufrührer verschanzt hatten, wurde von Kurfürst August von Sachsen als dem Vollstrecker der Acht belagert (24. Dezember 1566). Die Festung Grimmenstein wurde erstürmt und Grumbach mit seinem Anhang, darunter auch David Paumgartner, gefangen genommen. Man erzählte sich, dass der letztere beim Abzug des

[1]) Ortloff I S. 241 ff.

[2]) Ebenda II S. 331.

[3]) Ebenda II S. 332 ff.

Kriegsvolkes hätte mit entkommen können, wenn es ihm sein Stolz zugelassen hätte, in einfacher Tracht zu fliehen[1]). So aber mischte er sich auf stolzem Ross in stattlicher Rüstung unter die Abziehenden, wurde von dem Grafen Günther von Schwarzburg erkannt und mit Gewalt zurückgehalten. Als ein Anhänger des geächteten Wilhelm von Grumbach, in dessen aufrührerische Praktiken er sich eingelassen, hatte er seinen Leib, Leben, Lehen und Güter verwirkt und war einer harten Strafe verfallen[2]). Aus Gnaden sollte diese gemildert und er mit dem Schwerte hingerichtet werden. Am 18. April 1567 wurde das Urteil vollzogen, und David Paumgartner, der „herrlich gekleidet war, als keiner unter ihnen", enthauptet[3]). In der Augustinerkirche zu Gotha wurde er begraben. Auf so tragische Weise endete der Freiherr von Hohenschwangau sein Leben. In seiner Verzweiflung über den Zusammenbruch seines Vermögens hatte er sich unbesonnenerweise an die Adelsverschwörung angeschlossen, in der Hoffnung, bei deren Gelingen wieder zu seinen Gütern zu kommen, die er in die Hände von Fürsten hatte übergeben müssen.

In den Tagen, da David Paumgartner ein so unseliges Ende fand, lag sein Bruder Johann Georg zu Augsburg in Schuldhaft. Dieser war, soviel sich erkennen lässt, noch der geratenste von Hans Paumgartners Söhnen. Er war in Augsburg geblieben und hatte dort wahrscheinlich seine kaufmännische Tätigkeit fortgesetzt. Der Bankrott Davids riss ihn dann mit ins Verderben. Er hatte sich für diesen, wie erwähnt, verschrieben und wurde im Jahre 1563 von Davids Gläubigern

---

1) Ortloff III S. 133 Anm. 1. Dasselbe berichtet auch ein im Augsburger Stadtarchiv (Litteraliensammlung 13. April 1567) erhaltenes Schreiben, das, von unbekannter Hand an Herzog Albrecht v. Bayern gerichtet, die Uebergabe Gothas u. den Auszug des Kriegsvolks schildert: Wie das Kriegsvolk hinauszogen, hat sich David Baumgartner, so der letzt bey seynem herrn gestanden auch unter in mit hinaus dräen wellen. des ist Graf Günther von Schwarzburg innen worden, ine mit der pixen ubel zum khopff griesst, das ross under ime weckfuren und ine in die stadt fueren und in die eisen schlagen lassen da liget er noch, soll auch zu ime gesagt haben, die kriegsleuth seindt nur gefreit, du bist khain kriegsmann, sonndern ain knapsackh. Also sein gefangen Grumbach, Wilhelm vom Stain . . . und Davidt Baumgartner, dem es meniglich wol gonnet, sowol als den andern . . .

2) Das Urteil gedruckt bei Ortloff III S. 543.

3) Schilderung der Hinrichtung ebenda S. 158.

zur Rückzahlung der Gelder aufgefordert. Obwohl selbst vermögend, konnte oder wollte er für des Bruders Schulden, den sein „Uebelhausen und Prodigalität" ins Verderben gebracht hatte, nicht aufkommen. Als er seinen Verpflichtungen nicht nachkam, reichten die Augsburger Bürger, die Geld zu fordern hatten, Klage beim Rat ein. Aber dieser konnte nichts ausrichten, da Paumgartner sich auf seinen Landgütern aufhielt und sich hütete, in die Stadt zu kommen. Als er dann am 5. März 1565 doch die Stadt betrat, um der Hochzeit der Sidonia Isabella Fugger beizuwohnen, wurde er auf Befehl des Rates verhaftet[1]). Zunächst hielt man ihn fünf Monate in seinem eigenen Haus in der Annastrasse fest, dann wurde er auf Drängen seiner Gläubiger am 21. August in strengere Haft genommen und aufs Rathaus geführt[2]). Seine Schulden beliefen sich nur auf ca. 80 000 fl[3]), er weigerte sich aber unter Berufung auf seines Vaters Testament, seine Güter an Zahlungsstatt zu geben, ganz im Gegensatz zu David, der einst ohne grosse Bedenken seine Besitzungen verpfändet hatte. Fast fünf Jahre lang wurde er in Schuldhaft gehalten, bis er schliesslich sich mit seinen Gläubigern einigte. Seinem Hauptgläubiger Sebastian Schertlin von Burtenbach fiel dabei das Paumgartnersche Stammhaus in der Annastrasse zu[4]). Am 3. Mai 1570 konnte Hans Georg Paumgartner sein Gefängnis verlassen — ein kranker, gebrochener Mann. In dem Haus eines befreun-

[1]) Vgl. Gasser: Annales Augstburgenses bei Menken, Script. rer. germ. I Spalte 1907/08.

[2]) Paul Hektor Mair in seinem Memorialbuch K fol. 246 a bis 247 b erzählt ausführlich von Johann Georgs Schuldhaft.

[3]) Diese Summe nennt Gasser a. a. O. Damit stimmt fast überein eine Tabelle der Gläubiger im Geh. Staatsarchiv K blau 382/7, wo die Schuldsumme mit 72 500 fl angegeben ist. Unter den genannten Personen steht Sebastian Schertlin mit 10 000 fl an der Spitze.

[4]) Vgl. Ottmar F. H. Schönhut: Leben und Thaten des weil. wohledlen u. gestrengen Herrn Sebastian Schertlin durch ihn selbst deutsch beschrieben. Münster 1858. S. 157: Doch als ich vertröst bin worden, verhofft von Ferdinand zu Oesterreiche und den Furtenbach Münsterhausen und Thainhausen . . . zu kauffen, ist der kauff dissmal hinter sich gangen . . . aber in Augspurg der Paumgartner behausung umb 10 000 fl an ainer schuld angenomen. Schertlin baute das Haus dann mit einem Aufwand von 5000 fl um. So wurde das Stammhaus der Paumgartner in der Annastrasse das Sterbehaus Sebastian Schertlins, woran eine jetzt dort angebrachte Gedenktafel erinnert.

deten Bürgers verbrachte er seine letzten Tage, von der Krankheit, die er sich während seiner Haft zugezogen, erholte er sich nicht mehr. „Herr Hannss Jerg Bangartt im Monat 29. Juni (1570) nach mittag umb acht Uhr ist er gestorben inn des Vogels haus und 30. ditto am Sambstag hat man in hinaus gen Erbbach geführt und alda begraben. also ist er der zeittliche gefencknus erledigt"[1]).

Mit dem tragischen Ausgang Hans Georgs endigt für uns die Geschichte der Familie Paumgartner. Wie öfter in der Handelsgeschichte, hatte die dritte Generation es nicht verstanden, die von den Vätern ererbten Güter zu bewahren und zu mehren. Von dem reichen Grundbesitz Hans Paumgartners blieb nur Erbbach der Familie noch erhalten. Aber bereits mit Davids und Hans Georgs Söhnen starb das Augsburger Geschlecht ganz aus.

Fast ein Jahrhundert hindurch haben wir die Schicksale der Paumgartner von Augsburg verfolgen können. Auf kleine Anfänge folgte eine Zeit fast fürstlichen Glanzes. Dem raschen Aufstieg schloss sich dann ein ebenso plötzlicher völliger Verfall an. Im Laufe unserer Darstellung sind uns eine grosse Reihe anderer Kaufmannsfamilien neben den Paumgartnern begegnet, die fast alle das gleiche Schicksal mit ihnen teilten. Die Geschichte unserer Familie wird so typisch für den Gang der Handelsgeschichte im 16. Jahrhundert überhaupt, die ja im Grund nichts anderes ist als die Geschichte der grossen Handelsfamilien. Wie bei diesen auf einen hohen Aufschwung eine Zeit des Niedergangs folgt, so bietet auch der deutsche Handel in der ersten Hälfte des 16. Jahrhunderts nach einer kurzen Blüte das Bild eines raschen Verfalls.

---

[1]) Sein Grabmal ist heute noch in der Pfarrkirche zu Erbach zu sehen, wurde aber bei einer Renovation der Kirche zum Teil verbaut. Das Zitat stammt aus Hektor M a i r s Memorialbuch K fol. 247 b.

Anhang.

Die bayerischen Baumgartner von Kufstein und Wasserburg[1].

Hans Baumgartner, seit 1462 als Bürger in Kufstein nachweisbar[2]), beteiligte sich damals bereits als Gewerke an der Silbergewinnung in den aufblühenden Bergwerken zu Rattenberg, Kitzbühel und Kufstein, Orte, die damals bekanntlich noch zu Bayern (und zwar zur Landshuter Linie) gehörten. Gleichzeitig war Hans Baumgartner auch als Kaufmann tätig, indem er das gewonnene Metall in Venedig und andern Handelsplätzen auf den Markt brachte. Einige Urkunden zeigen, dass er im Metallhandel sich bald eine Vorzugsstellung zu erringen wusste. So überliess ihm Herzog Ludwig der Reiche am 12. März 1472 alles Silber, das in den genannten drei Bergwerken gemacht wurde, auf drei Jahre[3]). Er allein sollte während dieser Zeit das Recht zum Silberankauf (die Mark nicht unter 8 fl) haben. Im Jahre 1474 stand Baumgartner auch als Gewerke an der Spitze. Er lieferte damals 2132 *M* 3 Quint Silber in den „Brenngaden" zu Rattenberg und liess damit den nächstbedeutenden Gewerken Virgil Hofer, der 1469 *M* 2 l 3 q ablieferte, weit hinter sich[4]). Baumgartner nahm so im bayrischen Berg-

---

[1]) Es ist nicht beabsichtigt, hier eine vollständige erschöpfende Geschichte der Baumgartner von Kufstein u. Wasserburg zu geben. Nur ihr Anteil am Tiroler Metallhandel soll ausführlich geschildert werden, um zu zeigen, welche Bedeutung ihnen auf diesem Gebiet zukommt, und um der von Ehrenberg (a. a. O. I S. 192) aufgestellten Behauptung entgegenzutreten, dass Hans Paumgartner von Augsburg eine Zeitlang in Kufstein wohnte, um dem Bergbau näher zu sein.

[2]) Das Wappen, das Friedrich III. dem Hans Baumgartner im Jahre 1466 verlieh (Chmel: Regesta Friderici III. Wien 1840 Reg. Nr. 4840), stellt zwei sich kreuzende Aeste über einem geflochtenen Gartenzaun dar.

[3]) München, Reichsarchiv: Finanzgegenstände Nr. 37 fol. 193 a.

[4]) Im Reichsarchiv (Rattenberg Landgericht, Stadt u. Bergwerk Fasz. 3) hat sich ein Verzeichnis des Silberbrenners Silvester Grensing

werksbetrieb eine Art Monopolstellung ein, dehnte aber Anfang der siebziger Jahre seine Tätigkeit auch auf die nahen Tiroler Bergwerke aus.

Die Zeiten der Blüte und des Verfalls des Bergbaus zu Schwaz haben uns oben in der Geschichte der Paumgartner von Augsburg beschäftigt. In seine Anfänge führen uns die Beziehungen, die Hans Baumgartner von Kufstein zu ihm hatte, als er der Geldgeber des Erzherzogs Sigismund wurde. Wie später, so streckte auch damals der Kaufmann dem Fürsten Bargeld vor und erhielt dafür Silber zur Tilgung der Schuld. In den ersten Jahren trat Hans Baumgartner zusammen mit dem schon genannten Rattenberger Gewerken Virgil Hofer[1]) auf. So liehen die beiden am 14. Mai 1472 dem Erzherzog 2096 fl, wofür sie mit Silber bezahlt wurden[2]). Diese Geschäftsverbindung dauerte jedoch nicht lange, da Hofer im Jahre 1474 als Teilhaber Baumgartners verschwindet und fortan nur als Gewerke im Schwazer Bergbau tätig ist. Dagegen wurden Baumgartners Beziehungen zu Sigismund immer enger. Im Jahre 1477 lieh er — wenn wir kleinere Beträge aus den Jahren 1473 bis 1476 übergehen — 8095 fl und wurde damit auf das Silber der Schwazer Gewerken Füger und Erlacher verwiesen[3]). Damals trat mit dem Kufsteiner Kaufmann der Salzburger Hans Knoll in Konkurrenz, der dann im Jahre 1480 sich mit

---

erhalten, das angibt, wieviel Silber jeder Gewerke im Jahre 1474 in den „Brenngaden" ablieferte. Diesem Verzeichnis sind obige Zahlen entnommen.

[1]) Virgil Hofer, aus Salzburg stammend, seit ca. 1470 in Rattenberg wohnend, wurde bald einer der Hauptgewerken des Schwazer Bergbaus. Er erwarb dann mehrere Schlösser und Herrschaften in Bayern, so Holzhausen, Falkenstein und Urfahrn, wonach sich die verschiedenen Linien benannten. (Vgl. Siebmachers Wappenbuch VI 1, Abgestorbener bayer. Adel II [1906] S. 76 u. I S. 5, ferner Wiguleus Hund: Stammenbuch 3. Teil in Freibergs Sammlung historischer Schriften III, 2 S. 394.) Virgil Hofer starb 1494. Einer seiner Söhne, Wolfgang, der mit Agnes Lang, einer Nichte des bekannten Kardinals Matthäus Lang, vermählt war, erwarb 1501 das Schloss Wildenwart bei Prien u. besass dasselbe bis 1540. Sein Grabstein ist heute noch in der Pfarrkirche zu Prien zu sehen und deshalb bemerkenswert, weil auf demselben der Geburtsort seiner Gemahlin angegeben ist: angneess ein geporene langin aus engalland in der stadt kallis.

[2]) Innsbruck, Statthaltereiarchiv: Raitbuch (1472) fol. 4.

[3]) Ebenda: Raitbuch (1477) fol. 18.

Baumgartner zu einer Handelsgesellschaft zusammenschloss. „Hans Baumgartners von Kufstein Gesellschaft" beherrschte von nun an das Tiroler Finanzwesen, bekam fast den ganzen Silberhandel in ihre Hand und gehörte zu den ständigen Besuchern des venezianischen Marktes. Ein eigener Faktor besorgte in Hall und Schwaz die Geschäfte der Firma. Die Jahre 1486 bis 1488 bedeuten den Höhepunkt ihrer Tätigkeit im Silberhandel. Gegen 100 000 fl lieh die Gesellschaft damals dem Erzherzog, der mit Venedig im Kriege lag[1]). Als dann der Friede geschlossen wurde und an die Republik die Kriegsentschädigung bezahlt werden sollte, versagte offenbar die Finanzkraft der Kufsteiner Firma. Sigismund musste sich an die Fugger wenden, die zusammen mit Antonio von Ross, dem obersten Amtmann Tirols, 23 627 fl zur Bezahlung an Venedig darliehen. Der Einzug der Fugger in Tirol bedeutete eine Erschütterung der Sonderstellung der Baumgartnerschen Gesellschaft. Der Augsburger Kaufmann erkannte die Vorteile der auf den Silberbergwerken beruhenden Geldgeschäfte und liess sich nicht mehr verdrängen. Gegen seine bereits fest fundierte Finanzkraft vermochte aber der Kufsteiner Baumgartner nicht aufzukommen. Am 9. Juni 1488 schloss Fugger mit Sigismund einen grossen Vertrag ab über 150 000 fl und erhielt dafür am 28. August alles Silber aus der Haller Münze zugesichert, doch sollte er wöchentlich 200 ℳ an die Gesellschaft Hans Baumgartners in Kufstein hinauszahlen, bis diese für ihre kurz zuvor gegebenen Darlehen befriedigt seien. Die Fugger nahmen also die Forderungen, welche die Kufsteiner Firma an Sigismund hatte, auf sich, um jene um so sicherer von einer Verbindung mit der Tiroler Regierung auszuschliessen[2]). Dieses Ringen um die Vorherrschaft in Tirol wurde dann völlig zugunsten der Fugger entschieden durch den im Jahre 1490 eintretenden Regierungswechsel. Maximilian, der am 16. März 1490 an die Stelle des unfähigen Sigismund in Tirol trat, begünstigte bei seinen Finanzgeschäften die Augsburger Kaufleute, gewährte dagegen den Kufsteinern nur geringen Anteil an denselben, nicht zuletzt

---

[1]) Nach den Rait- u. Copialbüchern des Statthaltereiarchivs Innsbruck.

[2]) Jansen in „Anfänge der Fugger" hat diese Vorgänge S. 54 ff. ausführlich geschildert und auch in den Beilagen S. 114 die in Betracht kommenden Urkunden mitgeteilt.

auch deshalb, weil diese bayrische Untertanen waren und man glaubte, dass die Wittelsbacher einen besonders schlimmen Einfluss auf den schwachen Sigismund ausgeübt hätten. Und Baumgartner war ja, wie wir oben erwähnten, auch im Dienste dieser tätig. Völlig liess sich die Kufsteiner Firma aus dem einträglichen Metallhandel nicht verdrängen. Wenn sie sich auch an den Silberverträgen keinen Anteil mehr sichern konnte, da diese von nun an mit den Fuggern, Gossembrot, Paumgartnern und Herwart von Augsburg abgeschlossen wurden, so suchte sie jetzt den Kupferhandel in ihre Hand zu bekommen. Die Kupferproduktion war nicht den Beschränkungen unterworfen wie die des Silbers, vielmehr erhielten die Gewerken gegen Bezahlung einer Abgabe an die Regierung das freie Verfügungsrecht über das von ihnen gewonnene Kupfer[1]). Hatte also der Landesfürst Kupfer nötig — und Maximilian brauchte viel für seine Kanonen —, so musste er sich an die Gewerken wenden und mit diesen einen Kaufvertrag abschliessen, oder es auf dem Markt kaufen.

Hier griffen nun die Baumgartner von Kufstein ein, indem sie das Kupfer den Gewerken abnahmen und es auf den Markt brachten. An der Metallgewinnung waren sie bisher selbst nicht beteiligt. Nur auf bayrischem Gebiet stand neben dem Handel auch eine lebhafte Tätigkeit der Firma als Gewerke. Erst durch die pfandweise Uebernahme der Tiroler Bergwerksanteile des tiefverschuldeten Antonio von Ross bekamen sie auch Anteil am Tiroler Bergbau[2]). Am 29. Mai 1490 schloss Maximilian den ersten grossen Kupfervertrag mit Hans Baumgartners von Kufstein Gesellschaft ab[3]). Er kaufte von ihnen

---

[1]) Jansen: Jacob Fugger der Reiche S. 21.

[2]) Maximilian begann, sobald er die Regierung in Tirol angetreten hatte, mit einer gründlichen Reorganisation des Behördenwesens, wobei auch das Institut des obersten Amtmanns, das zuletzt Antonio v. Ross innegehabt hatte, beseitigt wurde. Als nun Maximilian mit Ross abrechnete, stellte es sich heraus, dass dieser dem König noch 29 540 fl und 2460 fl Zins schuldig war. Da Antonio v. Ross nicht imstande war, die Summe (32 000 fl) zu bezahlen, so schoss Hans Baumgartners v. Kufstein Gesellschaft diese vor. Als Pfand musste Ross alle seine Bergwerke verschreiben, die dann, als er fallierte, in den Besitz der Baumgartner übergingen. (Nach den Tiroler Copialbüchern. Vgl. auch Sigm. Adler: Die Organisation der Centralverwaltung unter Maximilian I. S. 320 u. 343.)

[3]) Innsbruck, Statthaltereiarchiv: Cop. Serie II, 4.

500 Meiler (= 5000 Zentner) Kupfer zu Venedig um 32 000 fl. Die Bezahlung dieser Summe übernahm für Maximilian Ulrich Fugger, um die Baumgartner nicht wieder in Besitz von Silber kommen zu lassen. Mit diesen Kupferverträgen beginnt die zweite Periode in der Entwicklung unserer Firma. Im Jahre 1492 schloss der König wieder einen grossen Kauf ab, da man in den Niederlanden viel Kupfer zum Giessen von Granaten benötigte. Baumgartner kaufte damals von den Gewerken 30 000 Zentner Schwazer Kupfer (den Zentner zu 4¾ fl), um 142 500 fl. Maximilian übernahm davon 24 000 Zentner kaufsweise von der Kufsteiner Gesellschaft, den Zentner zu 6½ fl, so dass diese also am Zentner 1¼ fl gewann[1]). Es würde zu weit führen, die ganze Reihe der Verträge, die nun in den folgenden Jahren abgeschlossen wurden, hier aufzuführen. Es mag der Hinweis genügen, dass alle die monopolartige Stellung der Baumgartner von Kufstein im Tiroler Kupferhandel zeigen. Wer Kupfer nötig hatte, der König, die Augsburger Kaufleute, wie die seit 1496 in Verbindung auftretenden Fugger, Gossembrot und Herwart, sie alle kauften von Baumgartners Gesellschaft, die allein die Verträge mit den Schmelzern abschloss und das Kupfer auf den Markt nach Venedig brachte.

Hans Baumgartner, der Gründer und langjährige Leiter des Geschäfts, wirkte in dieser neuen Tätigkeit nicht mehr lange. Er starb am 23. August 1493[2]). In Kufstein hatte er dem Rat angehört und war im Jahre 1476 Bürgermeister gewesen. Er war mit Elisabeth Soiter vermählt und am 20. Februar 1491 von Friedrich III. geadelt und ihm sein Wappen verbessert worden[4]).

---

[1]) Jansen: Jacob Fugger d. Reiche S. 22.

[2]) Sein Grabmal, ein Werk des bekannten bayrischen Steinmetzen Wolfgang Leeb, ist an der südlichen Aussenwand der Kufsteiner Pfarrkirche heute noch wohlerhalten zu sehen. Es trägt die Umschrift: hie ligt begraben der edel und vest hanns Bawmgartner zu kuefstain, ist gestorben an sand Bartholomeus abent do man zelet nach der geburd Cristi M°CCCC° und in dem LXXXXIII jar. dem got genedig sey amen. Vgl. Ph. M. Halm: „Wolfgang Leeb" in: Ztschr. d. Münchener Altertumsvereins. N. F. Bd. 14/15 (1903/04) S. 20 ff. Hier auch S. 22 eine gute Abbildung des Grabsteins.

[4]) Chmel: Regesta Friderici III. S. 780. Das neue Wappen, das gleichzeitig auch seine Wasserburger Vettern erhielten, stellt einen über Flechtwerk (Gartenzaun) schreitenden Löwen dar. (Abb. z. B.

Nach seinem Tode übernahm Hans Knoll die Leitung der Firma, die unter dem Namen „weiland Hans Baumgartners von Kufstein Gesellschaft" weiterbestand und in der angegebenen Weise den Kupferhandel betrieb. Bald machte sich aber auch hier die Augsburger Konkurrenz geltend, besonders seit sich die Fugger in Ungarn in den Kupferbergbau eingelassen hatten und das Metall in Venedig abzusetzen suchten. Im Silberhandel bereits allmächtig, suchten sie nun auch im Vertrieb des Kupfers den lästigen Rivalen loszuwerden. Sie gingen dabei in der Weise vor, dass sie die Kufsteiner Gesellschaft bestimmten, ein Kupfersyndikat abzuschliessen. Dies geschah im Jahre 1498. Der Vertrag ist bei Ehrenberg gedruckt[1]), der jedoch den Fehler begeht, unter den dort genannten „Hans Paumgartner, Hans Knoll und Gesellschaft" den Augsburger Paumgartner zu verstehen. Schon die Erwähnung des Hans Knoll zeigt, dass nur die Kufsteiner Firma in Betracht kommen kann. Dadurch verliert der Vertrag auch seine isolierte Stellung, die er bei Ehrenberg einnimmt, und erhält seinen Platz in der Reihe der von uns schon besprochenen Kupferverträge. Trotzdem bleibt er in anderer Hinsicht interessant als eine Etappe in dem wirtschaftlichen Ringen der Fugger mit den Baumgartnern von Kufstein, das wir jetzt schon seit 1488 verfolgen konnten. Es konnte kaum zweifelhaft sein, wem hierbei der endliche Sieg zufallen würde. Bereits im nächsten Jahre (16. März 1499) trat Jacob Fugger direkt mit den Gewerken in Beziehung und kaufte von ihnen 150 000 Zentner Kupfer[2]). Die Vermittlung durch Baumgartners Gesellschaft war also beseitigt. Am nämlichen Tag erklärte Maximilian, dass die gleich günstigen Lieferungs- und Beförderungsbedingungen, die „weiland Hans Baumgartners von Kufstein Gesellschaft" zustehen, auch Jacob Fugger geniessen solle. In der Folge schloss jene nur mehr unbedeutende Verträge mit der Tiroler Regierung ab[3]).

Mon. Boica Tom. V Anhang Nr. 11 u. auf dem obenerwähnten Grabstein Hans Baumgartners.)

[1]) Bd. I S. 417 ff. u. S. 192.

[2]) Cop. Serie II (1499) fol. 12.

[3]) Die Gesellschaft erlitt um das Jahr 1500 mehrmals grössere Verluste. Neben Antonio v. Ross gehörten auch die Stammler in Augsburg, die damals fallierten, zu ihren Schuldnern. (Stadtarchiv Augsburg, Stadtgerichtsbuch 1502 fol. 253, 279.)

Die Besorgung der grossen Geldgeschäfte von politischer Bedeutung war längst an die Augsburger übergegangen, unter denen seit 1496 auch die Brüder Hans und Franz Paumgartner hervortreten, wie wir dies oben eingehend schilderten. Die Kufsteiner Firma aber verwandelte sich immer mehr in ein Bergwerksunternehmen, während der Handel zurücktrat. Bis zum Jahre 1503 war Hans Knoll Leiter des Geschäfts, dann wird 1507 Benedikt Katzböck als Inhaber desselben genannt. Im Jahre 1510 finden wir den letzten auf die Firma bezüglichen Eintrag in den Tiroler Kopialbüchern.

Hans Baumgartner von Kufstein hinterliess vier Söhne: Wolfgang[1]), Martin, Hans[1]) und Leonhard, von denen uns besonders noch das Schicksal Martins interessiert, dem auch in der „Allgemeinen Deutschen Biographie" ein Artikel gewidmet ist[2]). Archivalische Quellen ermöglichen es, noch weitere Nachrichten über Martin Baumgartners spätere Lebensschicksale mitzuteilen, über die der genannte Artikel wenig zu berichten weiss.

Martin Baumgartner, geboren im Jahre 1473, war beim Tode des Vaters 20 Jahre alt. Ueber seine Beteiligung am väterlichen Geschäft hören wir nichts. Vielmehr hatte er sich bereits damals den Beruf eines Gewerken erwählt. Er baute seit 1494 in Rattenberg und begann dann auch zu Schwaz. Im Jahre des Landshuter Erbfolgekriegs (1504) stand er auf der Seite Maximilians und brachte auch materielle Opfer bis zum Betrag von 8000 fl[3]). Sein Haus am Inn wurde bei der Beschiessung Kufsteins geschädigt. Im Jahre 1507/08 unternahm er eine Pilgerreise nach Palästina, deren Beschreibung gedruckt

---

1) Diese Hans und Wolfgang Baumgartner scheinen identisch zu sein mit den in Acta nationis Germanicae universitatis Bononiensis ed. Ernst Friedländer et Karl Malagola Berlin 1887 S. 256 (Zeile 39) u. S. 268 (Zeile 33) genannten Personen. Danach wäre Hans im Jahre 1500 in Bologna als Student gestorben u. Wolfgang im Jahre 1507 in Pavia an der Pest. Letzterer, der sich wohl nicht Studien halber in Bologna aufhielt, ist wohl identisch mit jenem Juristen Wolfgang B., der von 1494 bis 1498 in Ingolstadt Professor war. (Mederer: Annales Ingolstadensis Academiae I 46.)

2) Bd. II S. 160.

3) Der gleich zu erwähnenden Beschreibung seiner Pilgerreise ins Heilige Land, hrsg. v. Donauer, ist eine Biographie und Selbstbiographie Martin Baumgartners beigegeben, der ich diese Daten entnehme. Vgl. auch wegen der Beschädigung seines Hauses Geschäft v. Hof (1507) fol. 4.

vorliegt[1]). Nach seiner Rückkehr wurde er von Maximilian mit dem Rittertitel ausgezeichnet und leistete dem Kaiser verschiedentlich Dienste. So zog er im Jahre 1510 mit in den Krieg und lernte dabei die Bergwerke in Luenz kennen. Er begann dann dort den Bergbau und steckte in der Hoffnung auf künftigen Gewinn grosse Summen in seine Bergwerke. Aber trotz seiner auch von der Tiroler Regierung anerkannten Tüchtigkeit und Ausdauer gelang es ihm nicht, die Bergwerke in die Höhe zu bringen. Er erlebte eine Enttäuschung nach der andern, so dass er 1509 seine Schwazer Gruben aufgab. Im Jahre 1511 gewährte ihm die Regierung eine Unterstützung von 1000 fl, damit er beim Bauen ausharre. Wohl schloss er dann Lieferverträge mit oberdeutschen Kaufleuten ab auf Silber und Kupfer, er konnte aber die Termine nicht einhalten[2]). Im Jahre 1518 nahm er auch den Bergbau in Schwaz wieder auf. Gegen 30 000 fl steckte er in seine Betriebe, konnte aber mit den Augsburger Kautherrn nicht konkurrieren. Er geriet immer tiefer in Schulden. Seine Hauptgläubiger Jacob Fugger[3]) und die Stöckl bedrängten ihn seit 1519 hart und forderten die Rückzahlung des dargeliehenen Geldes, wofür er ihnen seine Bergwerke hatte verschreiben müssen. Er wandte sich um Hilfe an die Regierung und bat um 3000 fl, die für ihn genügen würden, um sich wieder in bessere Verhältnisse emporarbeiten zu können. Er scheint jedoch nichts erlangt zu haben, da im Jahre 1522 Fugger und Stöckl seine Bergwerke in Besitz nahmen[4]). Er war diesen gegen 22 000 fl schuldig. Seinen

---

[1]) Christoph Donauer: Martini a Baumgarten in Braitenbach peregrinatio in Aegyptum, Arabiam, Palaestinam et Syriam. Norimbergae 1594. Die in Allg. d. Biogr. II 161 genannte Leichenpredigt auf Martin Baumgartners Sohn konnte ich bis jetzt nicht einsehen. Nach Röhricht-Meisner: Deutsche Pilgerreisen nach dem Hl. Lande S. 522 wäre dies bereits Baumgartners zweite Palästinareise gewesen. In der eben erwähnten Selbstbiographie Baumgartners ist davon aber nirgends die Rede.

[2]) In den Tiroler Prozessbüchern finden sich in den Jahren 1521 ff. mehrfach Einträge über solche Forderungen Gordian Suiters von Kempten u. Hans Manlichs von Augsburg.

[3]) Jacob Strieder: Eine Fuggerinventur aus dem Jahr 1527 (in Ztschr. für die gesamte Staatswissenschaft, Ergänzungsheft 17 [Tübingen 1905] S. 41).

[4]) Erst damals begannen die Fugger sich am Bergbau selbst zu

völligen Zusammenbruch zeigen die Copialbücher von 1526. Sein Haus in Kufstein — ein stattliches Patrizierhaus mit 50 Gemächern, das aber die Spuren der Verwahrlosung an sich trug — war einem gewissen Dionysius Praun und der Stadt Kufstein verschrieben wegen 30 fl Zins, die er nicht bezahlen konnte[1]). „Er war in solcher Armut und Elend, dass er weiter gar kein Unterhaltung und Nahrung hatte." Dazu kamen Bedrängnisse, die er wegen seines religiösen Bekenntnisses zu erleiden hatte. Er schloss sich nämlich der Reformation an und liess in der ihm gehörigen Kapelle zu Kufstein den Priester Wolfgang Ochsenhauser die neue Lehre verkünden[2]). Mehrmals verwarnte ihn die Regierung in Innsbruck und forderte die Abschaffung dieser Neuerungen. Ochsenhauser verliess dann zwar Kufstein, Baumgartner aber blieb seinem Bekenntnis treu. Im Jahre 1528 sandte ihm Luther selbst einen Trostbrief[3]).

Die Regierung sah mit Bedauern diesen vollen Bankrott Baumgartners, „da er ein tüchtiger Bergmann war und nicht leichtsinnig spekuliert hatte." Der Uebergang des Tiroler Bergbaus in die Hände der Augsburger wurde für ihn zum Verderben. Der kleine Unternehmer konnte sich gegen diese Finanzleute nicht behaupten. Die Regierung verschaffte ihm ein kleines Amt, aus dem er seinen Lebensunterhalt gewann[4]). Seine Bergwerke in Luenz baute er weiter, der Ertrag war jedoch den Gläubigern verschrieben. Jahrelang (1528 bis 1532) führte er mit diesen Prozesse, jedoch ohne Erfolg. Zuletzt musste er sogar sein Wohnhaus in Kufstein verlassen. Er starb im Jahre 1535 zu Kufstein und wurde dort in der von seiner Familie gestifteten Kapelle begraben.

---

beteiligen. Die Bergwerke Martin Baumgartners hatten sie zunächst nur verwesungsweise inne.

[1]) Missiv an Hof (1526) fol. 64.

[2]) J. Loserth: Der Anabaptismus in Tirol (in: Archiv für österr. Geschichte Bd. 78 (1892) S. 425 ff.).

[3]) Dr. Martin Luthers Briefwechsel, bearb. u. mit Anmerkungen versehen von Ernst Ludwig Enders 6. Bd. Calw und Stuttgart 1895 S. 383.

[4]) Missiv an Hof (1526) fol. 71. Hier wird von Baumgartners bergmännischer Tüchtigkeit gesprochen und auch erwähnt, dass geschickte „Bergwerkspersonen" wenig mehr vorhanden seien. Baumgartner erhielt dann das oberste Bergmeisteramt mit jährlich 100 fl Dienstgeld.

Einer seiner Brüder, Leonhard, hatte sein Glück besser zu machen verstanden. Er legte sein Vermögen in Grundbesitz an und erwarb die in Niederbayern gelegene Herrschaft Stubenberg und das im Pflegamt Aibling liegende Höhenrain und wurde damit der Stammvater der Baumgartner von Stubenberg und Höhenrain[1]). Diese Linie fiel später zusammen mit der Wasserburger Linie der Baumgartner von Frauenstein-Ering.

Wie die Baumgartner von Kufstein, sind auch ihre Vettern in Wasserburg bürgerlicher Herkunft. Die genauen verwandtschaftlichen Beziehungen lassen sich aber nicht mehr feststellen. Ueberhaupt macht die Aufstellung einer völlig gesicherten Genealogie bei der Gleichheit der Vornamen grosse Schwierigkeit[2]). Im folgenden kann es daher nur unsere Aufgabe sein, kurz zusammenzustellen, was sich aus dem urkundlichen Material an Tatsachen ergibt, und die Glieder der Familie, die bedeutsamer hervorgetreten sind, kurz zu charakterisieren.

Um das Jahr 1440 lebte in Wasserburg ein Bürger Peter Baumgartner[3]), der Getreidehandel trieb und sich auch an der Salzgewinnung in Reichenhall beteiligte[4]). Näheres über ihn lässt sich nicht feststellen, da die erhaltenen Urkunden weiteren Aufschluss nicht geben. Peter Baumgartner starb im Jahre 1477 und hinterliess drei Söhne: Peter, Johann und Wolfgang, sowie mehrere Töchter.

Peter Baumgartner d. J. widmete sich dem Studium der Jurisprudenz und gehörte seit 1478 der neuen Universität Ingolstadt als Professor des kanonischen Rechts an. Zweimal, in den Jahren 1479 und 1482, bekleidete er das Rektorat[5]). Er wurde

---

[1]) Oberbayrisches Archiv f. vaterländische Geschichte II fol. 342 ff. u. VII fol. 243, 261 u. VIII f. 162 ff.

[2]) Besonders der Vorname Wolfgang war in der Familie häufig.

[3]) Nach Otto Titan v. Hefners Bayerischem Antiquarius I S. 182 wäre Peter Baumgartner als armer Weberknappe aus Voldepp in Tirol nach Wasserburg eingewandert. Leider gibt Hefner für diese Behauptung keine Quelle an. In Wasserburg soll Baumgartner dann durch Auffinden eines grossen Schatzes im Keller seines Hauses reich geworden sein. (Hefner a. a. O.) In Kufstein war Peter Baumgartner, wie Hefner fälschlich angibt, nie ansässig.

[4]) München, Reichsarchiv: Gerichtsurkunden v. Reichenhall Fasz. 30 Nr. 386 u. 391.

[5]) Rotmarus-Mederer: Annales Academiae Ingolstadtensis I 13, 17 u. 67.

dann Rat Herzog Georgs von Bayern-Landshut und war in dessen Diensten bei mehreren Gelegenheiten tätig. Er wohnte seitdem in Landshut. Seine Haltung im Landshuter Erbfolgekrieg, wo er die drei Gerichte Kufstein, Rattenberg und Kitzbühel seinem Lande zu erhalten suchte, zog ihm Maximilians I. Ungnade zu. Albrecht IV. dagegen belohnte ihn und seinen Bruder Wolfgang für ihre treue Gesinnung, indem er ihnen im Jahre 1508 das Schloss Ering verkaufte. Peter Baumgartner, seit 1496 mit Anna, der Tochter Wilhelm Trenbecks, vermählt, trat dann in die Dienste der Herzoge von Bayern und wird im Jahre 1523 nochmals erwähnt als Gesandter Herzog Wilhelms zusammen mit Johann v. d. Leiter[1]).

Der neueste Herausgeber von Ulrich Füetrers[2]) Chronik, Reinhold Spiller, hat starke Gründe dafür beigebracht, dass unser Peter Baumgartner der Fortsetzer der Chronik Füetrers ist. Auch das Spiller nicht bekannte Datum aus Peter Baumgartners Leben, das Jahr 1523, scheint mir seinen Beweis nicht zu entkräften, da Baumgartner ja schon zu seinen Lebzeiten sein Geschichtswerk seinem Schwager Bernhard Trenbeck übergeben konnte, der im Jahre 1520 nachweisbar im Besitz der Handschrift war.

Ganz sicher aber dürfen wir Dr. Peter Baumgartners Bruder Wolfgang in der Reihe der bayrischen Geschichtsschreiber aufführen. Er war seit 1500 Rentmeister zu Wasserburg und erlebte im Jahre 1504 die Einnahme seiner Vaterstadt durch Ruprecht von der Pfalz (23.—28. Mai). Der anschauliche Bericht, den er über diesen Vorgang verfasste und den schon Westenrieder der Veröffentlichung für wert gehalten hat, ist eine Art Rechtfertigungsschrift seines damaligen Verhaltens[3]).

Der dritte der Brüder, Hans, war Vorgänger Wolfgangs im Rentmeisteramt Wasserburg und im Gebirg (seit ca. 1479 bis 1500). Er starb im Jahre 1500 zu Wasserburg, wo sein

---

[1]) Deutsche Reichstagsakten, jüngere Reihe Bd. 4 S. 26, 27, 28. Die beiden waren zu dem Reichstag nach Nürnberg, der am 13. Juli 1523 beginnen sollte, dann aber verschoben wurde, abgeordnet.

[2]) Ulrich Füetrer: Bayerische Chronik. Hrsg. v. Reinhold Spiller (= Quellen und Erörterungen z. bayer. Geschichte. Neue Folge II Abt. 2 S. LXXX).

[3]) Westenrieder: Historische Schriften I (München 1784) S. 181—206. Vgl. Riezler, Geschichte Bayerns III S. 595 u. 918.

Grabmal, ein Meisterwerk der Steinmetzkunst Wolfgang Leebs, noch zu sehen ist[1]).

Die Wasserburger Linie, die zusammen mit ihren Kufsteiner Vettern im Jahre 1491 von Friedrich III. geadelt wurde, blühte bis ins 19. Jahrhundert herein. Sie erlangte im Jahre 1629 den Reichsfreiherrnstand, im Jahre 1745 die Grafenwürde[2]). Jetzt ist das ganze Geschlecht im Mannesstamme ausgestorben.

Erwähnt sei schliesslich noch, dass der berühmte Kanzler Albrechts V., Augustin Baumgartner, der auf dem Konzil zu Trient eine hervorragende Rolle spielte, nicht zu unserer Familie gehört. Er stammte aus München und führte auch ein ganz anderes Wappen.

---

[1]) Vgl. den oben (S. 125 Anm. 2) zitierten Aufsatz von H a l m über Wolfgang Leeb.

[2]) Genealogisches Taschenbuch der Gräflichen Häuser, Gotha 1889 S. 734.

Personen-Verzeichnis.

Bei einigen häufig vorkommenden Namen (z. B. Fugger, Maximilian I, Karl V. u. ä.) sind nur die Hauptstellen berücksichtigt.

FSC
www.fsc.org
MIX
Papier | Fördert
gute Waldnutzung
FSC® C083411

Kolibri 360 GmbH
Ferdinand-Jühlke-Straße 7
99095 Erfurt, Deutschland
produktsicherheit@kolibri360.de

Druck:
CPI Druckdienstleistungen GmbH
im Auftrag der
Kolibri 360 GmbH
Ferdinand-Jühlke-Str. 7
99095 Erfurt